怪異社會心理學

盲從、狂熱、非理性的人群心理，只有了解，才能破解！

眠れなくなるほど面白い 図解 社会心理学

U0010677

東京大學
社會心理學研究室 教授
龜田達也 監修

許展寧 譯

晨星出版

前言

社會心理學是解析人們在社會上的內心動向與行動法則，研究為什麼會產生這種感受，為什麼會導向如此舉動的學問。

社會心理學探討的主題從「個人心理」到「個人與個人之間的關係」，甚而「團體中的個人」及「社會現象、社會問題」，涵蓋範圍相當廣泛。而社會心理學的研究歷史與成果，也是解決社會上各種現象與問題的關鍵。

比方來說，當人一走進團體，就會不由自主地做出獨處時絕不可能有的行為。在澀谷歡慶萬聖節的年輕人變成失控暴徒的事件就是其中一例，究竟為什麼會發生這種現象呢？

而牽扯到內部組織的企業違法行徑又是如何呢？儘

管心裡明白這麼做不對，但是一旦成為了組織的一員，為什麼就會改而支持違法行徑呢？

解決這些疑問的線索，就藏在名為社會心理學的學問裡。其他還有像輿論是如何形成？為什麼會產生偏見及刻板印象？……等等，有許多探討各種社會相關案例的有趣研究。

學習社會心理學，並透過其中的視角觀看這個世界，一定能讓你有全新的發現。

龜田達也

怪異社會心理學

CONTENTS

〔第3章〕 職場上的心理學

第 1 章

社會現象與心理學

為什麼人會選擇視而不見？

因為漠不關心，所以無人向女子伸出援手嗎？

1964年，紐約住宅區發生了一起女子在自家公寓門口受到暴漢襲擊，慘遭刺殺身亡的案件。兇手的犯案過程長達30多分鐘，有38名公寓居民注意到這場騷動，甚至還有人在窗邊目睹了犯案經過。然而，當時明明有這麼多目擊者在場，**不但沒有任何人伸出援手，甚至無人打電話報警。**

為什麼居民不願意出手拯救女子呢？這起事件發生後，媒體評論這歸於「都市人的冷漠與對他人的漠不關心」，然而心理學家拉塔內（Bibb Latane）與達利（John Darley）卻覺得原因並非只有如此，而是認為**現場因有多名目擊者，此一環境因素也抑制了人們的助人行為。**

為了證明這個假設，他們便進行了一場「旁觀者實驗」。這場實驗是先請成為受試者的學生參與小組討論，接著帶對方前往獨立的房間，要求他用對講機與其他組員針對議題發表意見。不久之後，有名待在其他房間的組員突然疾病發作，透過對講機向其他人求救。

這場實驗安排了2人、3人、6人的小組模式，結果成功證明了拉塔內與達利的假設。**如果是2人小組，每位受試者都會在3分鐘內向外面的研究人員回報狀況**；然而**在6人小組的模式下，即使過了4分鐘，也只有60%的受試者會回報。**換句話說，只要有越多人在現場，就會讓人越難伸出援手，成功證明了**旁觀者效應（bystander effect）**的現象。

關鍵字　旁觀者效應

緊急狀況下的旁觀者實驗

這是探討若有參與者在討論途中突然疾病發作時，受試者是否會立即向外求援的實驗。受試者會被帶往獨立的房間，不會與其他組員碰到面。房間裡有準備對講機，組員們會透過這個裝置輪流發表意見。此時，其中 1 人在發言途中突然疾病發作，向其他人尋求協助。實驗安排了 2 人、3 人、6 人的小組模式，但是真實的組員其實只有受試者 1 人，其他人並非實際存在，而是播放事先準備好的錄音檔。

實驗結果

右圖是受試者注意到有人疾病發作時，會於多久之後向外求援的圖表。當組員越多，受試者的回報比例就越低。

● 受試者實際向外求援所花費的時間與比例
（摘自 Latane & Darley. 1968）

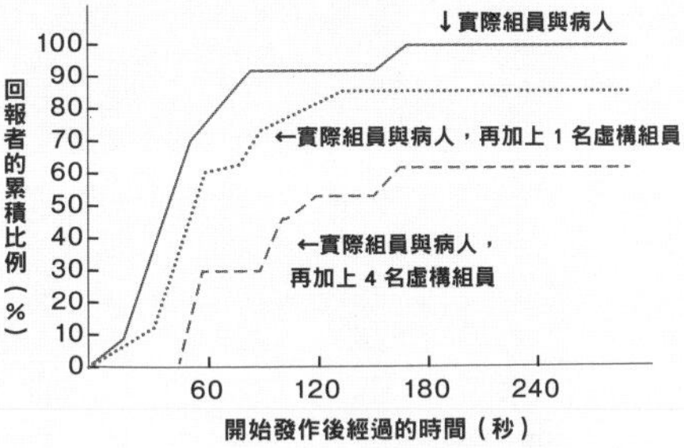

●只有自己與病人的情況

⇒有100%的人會在3分鐘內回報

在場的人越少，
在短時間內向外求援的
比例就會越高

●除了自己與病人外，還有其他 4 人在場的情況

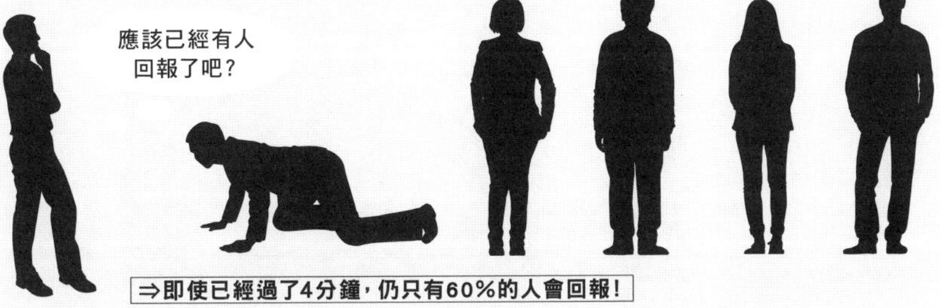

⇒即使已經過了4分鐘，仍只有60%的人會回報!

助人行為的條件為何？

關鍵字 **助人模式**

助人歷程的5個階段

拉塔內與達利在進行旁觀者實驗後，認為人在緊急情況下的助人歷程有5個階段（**助人模式，helping model**）。

1 察覺事態
2 認定為緊急情況
3 覺得自己有責任助人
4 知道自己該如何助人
5 實際行動

首先在1和2的階段，要是根本沒有察覺發生了什麼事，抑或是不覺得情況緊急的話，通常就不會有助人行為；在2的階段時，有可能會出現**因為別人沒有反應，所以自己也不覺得緊急**的事態，這個現象就稱為多數無知（P．36）。

3提到的責任是指自己有沒有「必須幫助對方」的自覺。當周圍有其他人在場時，人便會冒出**「就算自己不出手，應該還有別人會幫忙吧」的心態**，抑制自己的助人行為。

4是指自己能否判斷適當的助人方法。即使有必須伸出援手的自覺，但要是不曉得具體方法，就會難以付諸行動。除此之外，像是在「發現海裡有人溺水，自己卻是個不會游泳的旱鴨子」的情況下，本身不具備助人所需的必要能力，或是伴隨了龐大風險（自己也有可能會溺水等等）時，這些也都會成為抑制助人行為的因素。

5是指最後是否實際救援，「如果只是自己誤會了，就會很丟臉」的心態會使人難以實際行動。

助人的歷程

在做出助人行為之前，人會經歷多個心理階段，而需突破所有階段後，才會實際引發助人行為。

1 有察覺到情況嗎？ → NO → 袖手旁觀
YES ↓

2 認定為緊急事件嗎？ → NO → 袖手旁觀
YES ↓

3 覺得自己有責任助人嗎？ → NO → 袖手旁觀
YES ↓

4 能判斷自己該如何助人嗎？ → NO → 袖手旁觀
YES ↓

5 要實際行動嗎？ → NO → 袖手旁觀
YES ↓

實際助人

責任歸屬是助人的關鍵？

關鍵字　個人責任

若判斷為個人責任時便不會助人

曾經有人在政府發布應盡速離境的旅遊警示之後，依然堅持獨自前往戰亂地區，結果不幸遭到恐怖組織綁架。當時的輿論表示「個人造業個人擔」，別說營救了，當事人反而成為眾矢之的。像這樣在判斷是否要助人的時候，**「事態發生的原因」也是一大關鍵因素**。

這種**個人造業個人擔**的心態，在帕梅拉·杜利（Pamela A. Dooley）以兩百五十名學生為對象的實驗中也獲得了證明。

在這場實驗中，首先會請受試者閱讀幾個被診斷出罹患人類免疫缺乏病毒（HIV）的患者故事。故事總共有五種，全是在講述HIV患者的事，只是其中提及的感染原因各不相同。

在這之後，詢問受試者是否願意幫助該名患者時，如果對方閱讀的故事是「患者因為輸血遭到感染」，受試者通常都願意伸出援手；假如閱讀的故事是「患者因性行為或吸毒遭到感染」，受試者會覺得患者必須自己承擔遭到感染的事實，不願意幫助對方。平平都是感染HIV，**若原因不是出在本人身上，便會讓人寄予同情；反之，當受試者認為這是本人造成的結果，甚至會讓人產生反感，導致雙方在助人行為上出現巨大差異。**

或許就某方面來說，這個實驗結果如同大家的預料，這是因為我們內心會覺得「因為當事人疏忽或草率所引發的問題，應該由當事人自行解決」。對於責任歸屬的判斷，會對人們行為造成極大影響。

責任歸屬會影響助人行為

被診斷感染HIV的患者

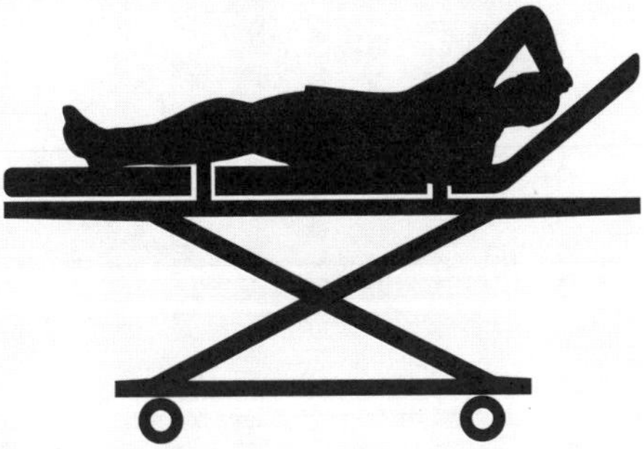

〔故事A〕

因為輸血遭到感染

明明本人沒有錯，
真是教人同情

感染HIV的責任與當事人無關

願意助人

〔故事B〕

因為性行為或吸毒遭到感染

被感染是
自己的責任！

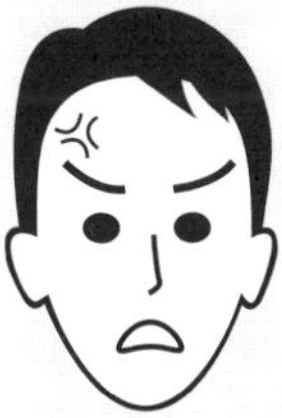

感染HIV與當事人的舉動有關

不願意助人

人容易附和多數人的意見

即使明顯錯誤，仍會不由自主地附和多數人

我們在**做判斷的時候，容易自然而然地附和多數人的意見和行動**，這個現象稱為**「從眾」**（conformity），心理學家阿希（Solomon Asch）就曾經進行一場知名的從眾實驗。

實驗總共有8名學生參加，大家要對照著卡片①的線，從卡片②的3條線中選出與①相同長度的選項。每人在作答的時候要按照順序回答，只是在這群學生中其實有7人是「實驗同謀」（confederate），他們都是依照事前指示來作答。

這場實驗的目的是要調查，當多數人回答錯誤的答案時，受試者是否會出現從眾行為，所以受試者被安排在第8個回答，在回答之前會先聽到7名同謀的答案。實驗中會不停改變線條長度出題，但是每題都是1個人回答的時候，答對率高達99%的簡單問題。然而，在7名同謀都回答錯誤答案的條件下，受試者的答錯率竟然提升到32%。由此可知，**即便是一般不會答錯的問題，只要其他所有人都選了別的答案，就會對人造成巨大影響**。

此外，當7名同謀中，只要其中有1人每次都回答正確答案，受試者的答錯率就會下降到5.5%。

例如在公司開會的時候也是，要反對滿場一致的意見雖然需要莫大勇氣，但是現場只要有1人提出異議，就會變得比較容易表達意見。全員一致是促成從眾的重要條件，所以**只要有1人與自己持相同意見，就能削弱許多來自從眾的壓力**。

關鍵字 從眾

阿希的從眾行動實驗

從②的 3 條線中，要選出與①相同長度的選項。參加實驗的 8 人中有 7 人是同謀，這 7 人都會回答錯誤選項「A」。真正的受試者被安排在第 8 個回答，在回答之前會先聽到前面 7 人的答案。這是想了解受試者是否會附和多數人回答「A」的實驗。

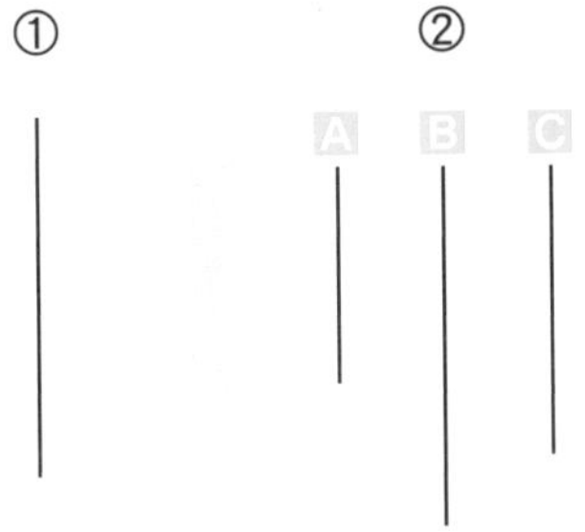

●當其他7人都回答錯誤選項「A」

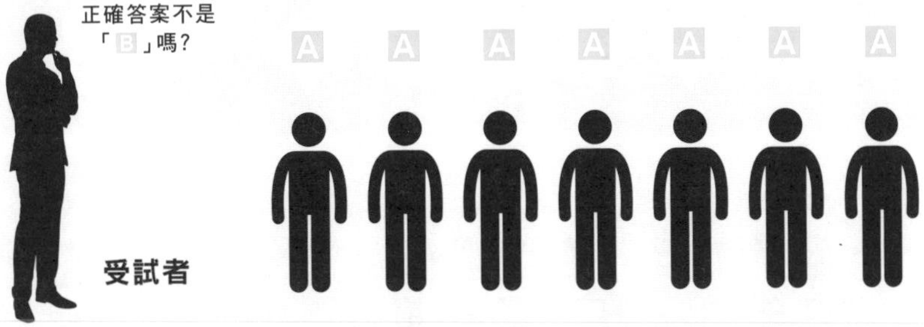

⇒當其他所有人都回答錯誤選項「A」，受試者的答錯率是32%

●當其他7人中有1人回答正確選項「B」

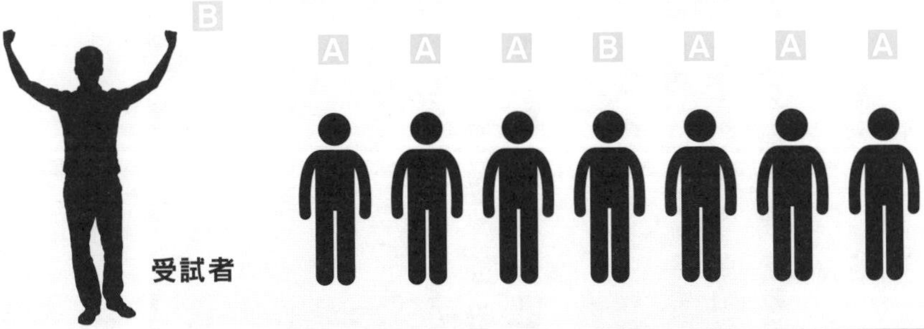

⇒受試者回答錯誤選項的機率就會降低到5.5%

什麼情況容易引發從眾呢？

凝聚力越高的團體越容易引發從眾

在容易引發從眾的因素中，除了「自己以外的所有人都意見一致」的壓力之外，「團體凝聚力」（group cohesiveness）也會造成影響。

所謂的團體凝聚力指的就是**團體與個人之間的緊密度。團體凝聚力越高，換言之，成員間的緊密度越強，越會產生不想打壞團隊默契的心態，等同於容易引發從眾的結果。**

實際在實驗中，把一群高中生分成團隊凝聚力高的「死黨4人組」，以及「感情沒有那麼要好的4人組」，並請每個人針對各種重要程度不一的社會問題，各自按下贊同與否的按鈕。和沒有那麼要好的4人組相比，最後是團隊凝聚力高的死黨4人組比較容易產生從眾的結果。一般來說，當自己越覺得該團體具有價值或魅力，就越容易產生這種從眾行為。

此外，**通常從眾又分為「訊息性影響」（informational influence）及「規範性影響」（normative influence）。**訊息性影響是**認同他人的判斷，並吸收進自己的思維，**例如在準備購買某樣商品時，會選擇網路評價高的商品就是因為訊息性影響的關係。

關於另一個規範性影響，則是「不希望被他人討厭」，或是「不想打亂團隊默契」的心態導致從眾行為。例如**「自己其實有不同意見，卻因為害怕受到批判，才不得已附和多數人意見」的情況，就是規範性影響的案例之一。**

關鍵字 訊息性影響、規範性影響

團體的緊密強弱與從眾行為

● 團體凝聚力與從眾行為（摘自 Kinoshita. 1964）

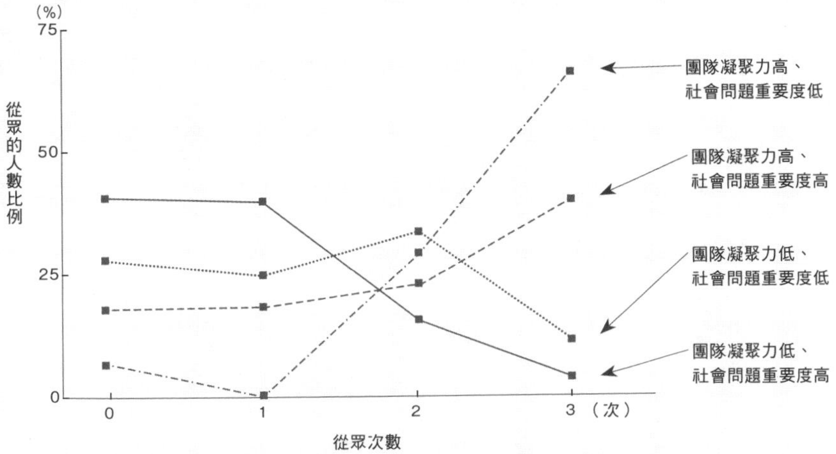

實驗中，將一群高中生分成「團隊凝聚力高的死黨 4 人組」，以及「感情沒有那麼要好的 4 人組」，請每個人針對各種重要程度不一的社會問題，各自按下贊同與否的按鈕，並在看過其他組員的回答後再重新回答。隨著回答次數增加，團隊凝聚力高的組別會出現從眾率上升，團隊凝聚力低的組別則出現從眾率下降的結果。

感情越好（團隊凝聚力高）的團體越容易發生從眾

公眾場合與從眾行為

一般而言，公眾場合也是容易引發從眾的環境之一。比起可以闡述個人意見的場合，必須公開在眾人面前做出反應的情境下，通常較容易引發附和多數人的從眾行為。

在越公開的場合越容易產生從眾

人會服從權威

任何人都有可能成為艾希曼

當人**被權威人士所命令時，即使內心知道這是不正確的，仍會不由自主地執行該命令。**證明這個結果的就是由米爾格倫（Stanley Milgram）設計的服從實驗，又別名**艾希曼實驗**。

艾希曼（Adolf Eichmann）是在納粹政權時代的猶太人集中營內負責指揮的官員，這場實驗是要驗證「在特定條件下，是不是任何人都會如艾希曼那樣犯下殘酷暴行」。

實驗之初，首先以「探討懲罰對於學習的效果」作為名目徵求受試者。大家被分成兩兩一組，1人扮演教師，1人則扮演學生的角色，然後分別被安排到不同房間。房間內備有麥克風和喇叭，彼此雖然見不到面，但依然能聽見對方的聲音。

在研究人員的命令之下，每當學生答錯試題，老師就必須對學生施予電擊懲罰。電擊強度低至輕微的15伏特，高至危及性命的450伏特，總共設有30個等級。只要學生一答錯，研究人員就會命令老師給予更高級數的電擊。隨著電壓升高，學生的慘叫聲就越大，當電壓超過300伏特時，學生便開始拜託老師：「求求你住手吧！」然而，研究人員仍命令老師繼續執行，實驗會一直進行到老師開口拒絕為止。實驗的結果，**扮演老師的40人中有26人會聽從命令，持續施予至最高的450伏特電壓。**老師即使違抗命令也不會受到任何懲罰，然而即便如此，還是有半數以上的人會繼續服從命令。

關鍵字 **艾希曼實驗**

米爾格倫的服從實驗

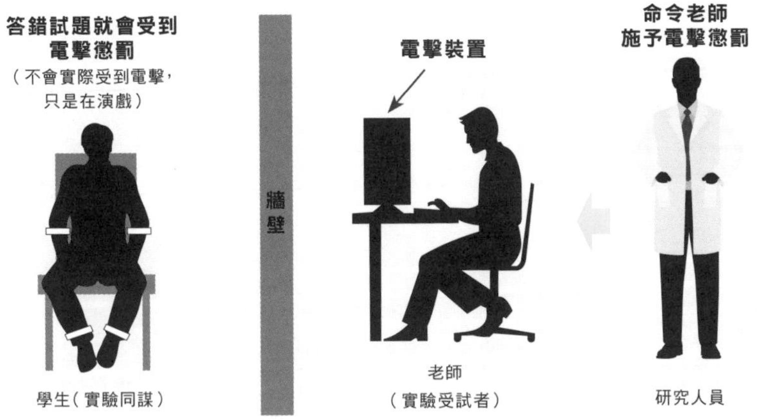

這是在驗證接收了代表「權威人士」的研究人員命令後，人會服從到何等程度的實驗。實驗會在受試者拒絕服從命令的當下結束。雖然表面上會讓受試者分別扮演老師與學生的角色，但實際上學生是由同謀扮演，只是假裝受到電擊。實驗結果如右表所示，扮演老師的40人中有26人會持續施予至最高的450伏特電擊。

●實驗結果

電擊(伏特)	實驗結果
450(最高)	26人
375	1人
360	1人
345	1人
330	2人
315	4人
300	5人
285以下	0人

服從實驗的預測

實驗過後，米爾格倫請一般民眾及精神科醫師預測在實驗結束時，受試者最高會施予至幾伏特的電壓。大家的預測如右表所示，回答315伏特以上的是0人，大部分的人都是回答180伏特以下，與實際的實驗結果有很大的出入。

● 40名一般民眾及39名精神科醫師針對「自己最高會施予多少電壓」的回答

電擊（伏特）	40名一般人	39名精神科醫師
315以上	0人	0人
255～300	4人	1人
195～240	3人	2人
135～180	16人	17人
75～120	12人	15人
15～60	2人	2人

※ 分別都有人回答自己不會施予任何電擊

人的殘忍 從何而來？

關鍵字 **史丹佛監獄實驗**

人被賦予角色之後就會變得殘忍？

被賦予角色或情境之後，人的行為會有什麼樣的變化呢？模擬監獄實驗（**史丹佛監獄實驗**）就是在驗證這個疑問。

這場實驗在史丹佛大學的地下室打造了一座與實物相近的模擬監獄。

參與實驗的是身心健康、至今沒有任何反社會行為的21名男學生。學生隨機被賦予守衛或囚犯的角色，要在模擬監獄扮演各自的角色度過兩個星期。守衛分成3班制，1天參與8小時，囚犯則是24小時參與。

為了營造真實感，守衛會穿戴墨鏡和制服，也配有警笛和木製警棒，而囚犯則是以ID編號取代名字來稱呼，腳上銬著鐵鍊被關在監獄裡。

以這些設定展開的模擬監獄實驗，其影響超越了實驗人員的想像。**隨著時間的推移，守衛開始對囚犯施以帶有命令性、汙衊性或支配性的言行，讓囚犯逐漸遭受精神上的虐待**。由於最後甚至發生了原本受到禁止的暴力行徑，便讓實驗在短短6天後就提前中止。

關於這場實驗，就成為**一旦被賦予可以讓他人服從的角色後，人就會受到角色的影響，甚至能若無其事地做出殘忍行徑**的案例。不過，也有人表示「守衛並非只是因為被賦予角色才自然地變得殘暴，而是在實驗人員的誘導下做出殘忍行徑」，對這個實驗結果的可信度抱持懷疑態度。

模擬監獄實驗

透過實驗來觀察人被賦予守衛或囚犯的角色後，是否會不由自主地做出符合該角色的態度和舉動。這是心理學中相當知名的實驗之一，甚至還有電影以這場實驗作為拍攝題材。

扮演守衛者（10人）

- **3班制，1天參與8小時**
- **配戴墨鏡**
  （保持某種程度的匿名性）
- **隨身配備警笛和警棒**
- **除了嚴禁暴力行為之外，並沒有收到其他特別指示**

↓

對囚犯施以命令口吻，開始做出明顯具有汙衊性、攻擊性、權威性、高壓性的言行

↓

頻頻做出侮蔑囚犯的行為。對自己的殘忍行徑樂在其中

↓

扮演囚犯者（11人）

- **24小時參與**
- **以ID編號取代名字來稱呼**
- **腳上銬上鐵鍊**
- **禁止使用私人物品**
- **寫信、抽菸、上廁所等行為必須事前獲得許可**
- **接受探視也必須先辦手續以獲得同意**

↓

實驗開始第2天，情緒會極度低潮，出現不安、大哭等症狀，有5人放棄參與實驗

↓

面對守衛會產生順從、壓抑、無奈、否定自我的心態

↓

預計為期2星期的實驗在6天後就提前中止！

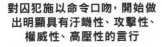

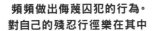

電玩動漫會對犯罪產生影響嗎？

人會學習曾經看過的攻擊性行為

每當社會上發生未成年犯罪時，具有暴力情節的電玩動漫會助長犯罪的論點便蔚為話題。為什麼會冒出這樣的話題呢？解開這個疑惑的關鍵字就是「學習」。**在進行學習時，有人會直接透過個人經驗學習，有人則是會觀察他人的行為來學習。**受到電玩動漫影響的現象就屬於後者，這種學習模式則稱為**「觀察學習（模仿）」**。

為了探討人在習得攻擊行為之後，是否真的會實際做出類似舉動，班杜拉（Albert Bandura）與研究團隊便讓孩童目睹他人攻擊塑膠人偶的過程，並觀察大家在這之後的行為，進行了一場模仿實驗。

這場實驗有3至5歲的男、女童參加，並將其分為A到D共4個小組。A組是親眼目睹大人攻擊塑膠人偶的過程，B組觀看A組場景的錄影畫面，C組觀看貓咪攻擊塑膠人偶的卡通影片，D則是沒有觀看任何畫面。在這之後，先讓孩童待在遊戲房裡玩喜愛的玩具，接著再把那些玩具拿走，帶大家來到有塑膠人偶和其他玩具的房間。結果，**我們可以發現觀看過攻擊樣板的A到C組，會比完全沒有看過攻擊樣板的D組更容易攻擊塑膠人偶。**換句話說，這證明了曾經目睹攻擊樣板的孩童會有比較強烈的攻擊傾向。另外在這場實驗中，**也發現男童比女童更容易有攻擊行為。**

關鍵字 **觀察學習（模仿）**

班杜拉的模仿實驗

將 3 至 5 歲的男、女童分成 A 到 D 共 4 個小組，各組會分別觀看他人攻擊充氣塑膠人偶的攻擊樣板，也安排了什麼都不會觀看的組別。在這之後，驗證孩童會對房間裡的塑膠人偶做出什麼樣的行為。

驗證結果

可以得知無論樣板的內容如何，觀看過攻擊樣板的孩童對塑膠人偶都會有比較強烈的攻擊傾向，證明人會經過觀察學習產生攻擊行為。

● 各種不同樣板與攻擊行為（摘自 Bandura et al., 1963a）

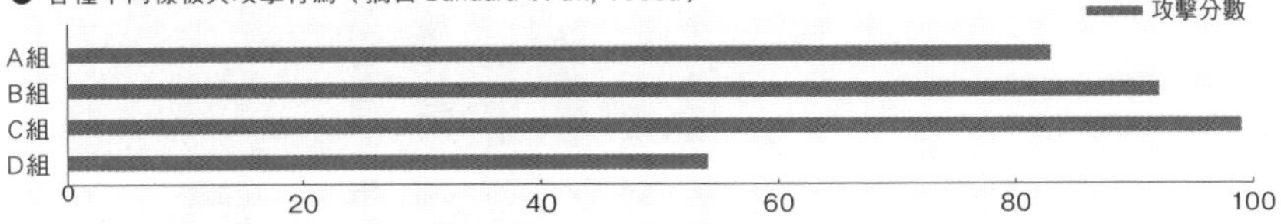

許多孩童會在觀看攻擊樣板的過程中「觀察學習（模仿）」，並進而模仿攻擊行為。此外，從結果也可得知男童比女童容易有攻擊行為。

若手邊有武器，就會比較容易出現攻擊行為？

攻擊線索的有無會影響攻擊行為

關鍵字 **攻擊線索**

人在感到憤怒和不滿的時候，會有毆打對方的攻擊行為，這與不會出現攻擊行為之間差在哪裡呢？貝科維茲（Leonard Berkowitz）認為**「攻擊線索」的有無，就是人是否會出現攻擊行為的重要關鍵。**

攻擊線索指的就是促使攻擊行為發生的存在，比方來說，槍是與攻擊行為有著密切連結的工具。**我們一看到槍，就會自然而然地聯想到攻擊。因此當人感到憤怒時，要是身邊有這種能聯想到攻擊行為的工具，腦中便會浮現發洩怒氣的攻擊畫面，促使自己實際做出攻擊行為。**

為了證明這個假設，貝科維茲進行了下述實驗。

首先，將受試者分成被同謀刻意激怒，以及沒有被激怒的類別，並讓這兩種條件不同的受試者有機會對同謀施予電擊。再來更進一步地，以電擊按鈕旁邊有無槍枝的條件分成3組，調查各組會對同謀施予多少次電擊，結果發現無論受試者是否生氣，有槍的組別都會施予較多次的電擊。

換句話說，這成功證明了**槍為攻擊線索，並促使受試者產生攻擊行為，導致電擊次數變得比較多的假設。**

攻擊線索的實驗

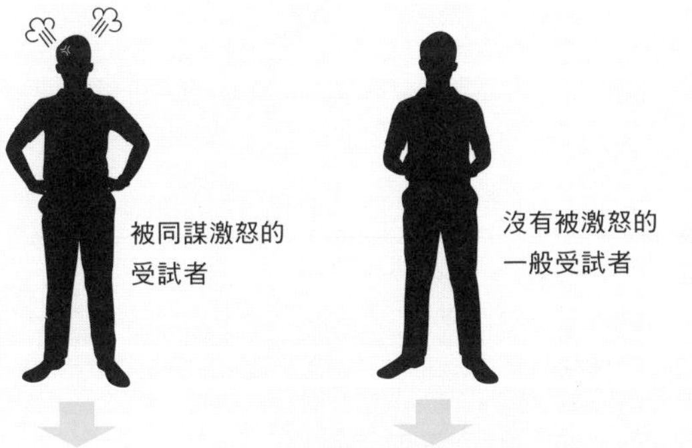

在實驗中以身邊有沒有槍，還有槍與同謀之間有無關聯作為條件，將有被同謀刻意激怒的受試者以及沒被激怒的受試者分成 3 組，並調查每組受試者分別對同謀施予電擊的次數。從結果來看，可以得知有槍的組別施予電擊的次數比較多＝比較容易產生攻擊行為。

讓受試者有機會對同謀施予電擊

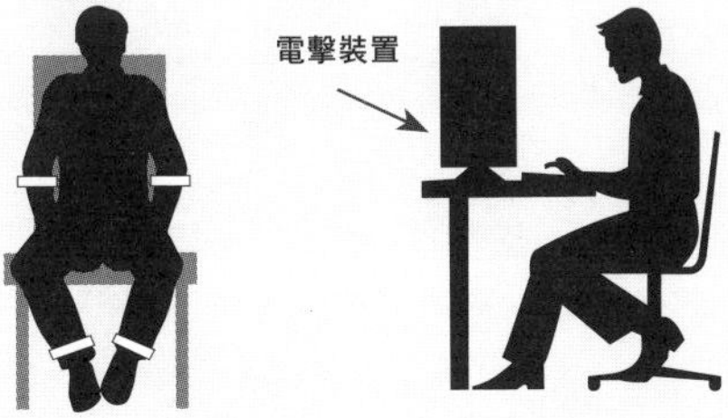

實驗結果

小組1
【武器── 無關條件】
- 電擊按鈕旁邊有槍
- 槍與同謀無關

小組2
【武器── 有關條件】
- 電擊按鈕旁邊有槍
- 那把槍是同謀以前曾經用過的槍

小組3
【控制條件】
- 電擊按鈕旁邊沒有槍

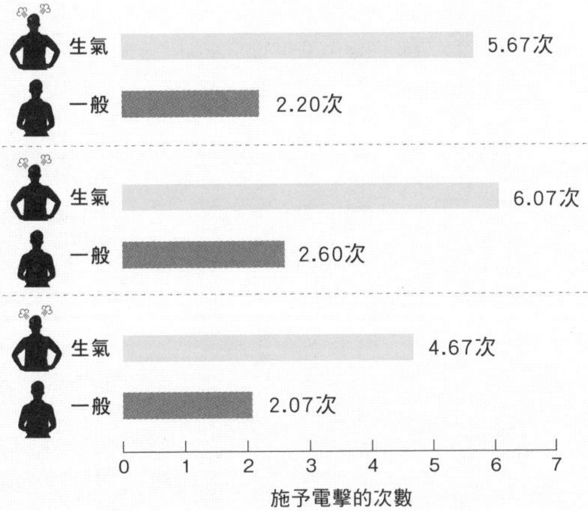

（摘自 Berkowitz & LePage, 1967）

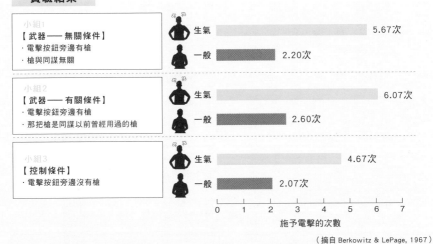

什麼樣的人喜歡逼車？

關鍵字 **敵意歸因偏誤**

敵意歸因偏誤越強的人越有攻擊性

近年來，逼車已成為了社會問題。從2016年日本汽車聯盟（JAF）的交通禮儀問卷調查可得知，在是否曾被逼車過的問題中，回答「時常遇到」、「偶爾遇到」的駕駛人比例多達全體受訪者的54．5%。一般認為逼車容易因為一點小事而引發，像是發生在駕駛人變換車道或超車的時候。然而，即使心裡不高興，正常人都不會做出可能引發重大意外的危險行為，那是什麼類型的人會因為小事爆發攻擊行為呢？

這種人在社會心理學上或許能稱為是**「敵意歸因偏誤」**（hostile attributional bias）強烈的人。敵意歸因偏誤是指**將他人的行為解讀為對自己具有敵意或惡意的傾向。**

比方來說，早上通勤時段與人在月台碰撞的時候，敵意歸因偏誤較弱的人會認為「人多時難免撞到」或「自己可能也不專心」，但敵意歸因偏誤較強的人卻覺得「對方是故意撞上來的」，朝對方發動攻擊行為的可能性也會提高。

實際上，**也有研究結果證實敵意歸因偏誤越強，就越容易爆發攻擊行為。**道奇（Kenneth Dodge）與研究團隊以犯下殺人、傷害或強盜等罪行而受到逮捕的青年為對象，調查他們如何將一般人不會感到有敵意的行為轉而解讀成對方敵意爆表，最後發現敵意歸因偏誤越強的青年，犯罪件數也會比較多。由此可知敵意歸因偏誤與攻擊行為有著密切關係。

敵意歸因偏誤

●在眾人面前被主管責罵

敵意歸因偏誤較弱

主管是為了我好
才罵我。

敵意歸因偏誤較強

主管一定是想讓我丟臉，才故意
在大家面前罵我！

敵意歸因偏誤是將他人行為解讀為具有敵意的心理傾向

●敵意歸因偏誤越強的人越容易有攻擊行為

通勤時走在月台上，撞到迎面而來的路人

敵意歸因偏誤較弱	敵意歸因歸誤較強
解讀為發自敵意以外的行為	解讀為發自敵意的行為
人多的時候難免撞到	**對方一定是故意撞上來的！**
發動攻擊行為的可能性較低	爆發攻擊行為的可能性較高

為什麼網路論戰會越演越烈？

得知他人的意見後，批判會變得更加激烈

即使大小程度不一，現在網路上幾乎天天都能看到各種論戰。像是名人的失言或醜聞風波、在日本稱為「打工族恐攻」的惡搞影片、公務員或企業的不當行為等等，每當類似事件躍上話題，便會立刻在社群網站上被大肆擴散，造成當事人或該企業的社群帳號被惡言洗板。

這種網路論戰的一大特徵就是網友的批判會逐漸激進，從否定對方的人格到發表歧視性的言論，甚至直截了當地留下「去死」的謾罵之詞。為什麼網路論戰容易越演越烈呢？

其中一個原因就是**「社會比較」（social comparison）**和「團體極化」（group polarization）。**所謂的社會比較，就是當多數人與自己持有相同意見時，我們便會對自己的意見產生自信，讓該想法變得更加強烈。團體極化（P．48）則是在進行團體討論時，只要越多成員贊同高風險的意見，團體的決策也會變得更有風險；反之，當越多成員偏好保守，團體的決策便會趨向保守。**

在網路世界的環境中，很容易就能找到意見相仿的網友，所以當我們只選擇吸收相近的聲音，或是只參與立場相同的社群時，就會時常引發團體極化的現象。不只如此，另外像是沉默螺旋（P．30），以及對相反意見嗤之以鼻的團體迷思（P．50）等現象也會不時出現，當這些綜合在一起時，就能想見網路論戰容易變得更為激烈。當然還有網路的匿名特性，也是讓論戰越演越烈的一大原因。

關鍵字 **社會比較**

社會比較

應該引進
消費稅制度！

我個人雖然贊成，
但不曉得大家是
怎麼想的？

知道他人的意見

贊成　反對　贊成　贊成　贊成　贊成　贊成　反對

極端化的意見

贊成的人比較多，
所以引進消費稅制度
是對的！

一旦知道多數的他人也持有相同意見，我們便會對自己的想法產生自信，讓該想法變得更加強烈。

人傾向站在多數那一方

沉默螺旋會讓少數者變得更少數

在1965年的德國議會選舉中，兩黨的支持率明明直到投票前一刻都是僵持的局面，實際開票結果卻是其中一方政黨獲得壓倒性的勝利。為什麼原本僵持不下的支持率會在選舉中出現巨大的差距呢？

對這個現象很感興趣的諾爾紐曼（Elisabeth Noelle-Neumann）注意到了選前某個民意調查的結果，內容是關於在目前的兩黨中，你認為「哪一黨會獲勝」的調查，從結果可以看出大約從半年前開始，覺得現在獲得大勝的政黨會勝選的人突然一口氣暴增了許多。換句話說，其實民意有別於支持率，早在選前就清楚認知到哪一黨占有優勢。

諾曼認為這樣的民意認知會左右選舉結果，便提出了「沉默螺旋」（spiral of silence）假說。這項假說是指**人一旦認為自己處於優勢就會更勇於表達意見，認為自己處於弱勢時則會害怕遭受孤立而沉默。這種沉默會讓優勢者的氣勢更張揚，使弱勢者陷入更加不利的狀況。**

紐曼覺得在沉默螺旋的形成過程中，透過大眾媒體進行的民意調查等資訊擔任了重要角色。此外，這項假說是以人類為社會性動物，會害怕在社會上遭受孤立作為前提。因此大部分的人在觀察周圍和社會的動向之後，會選擇支持不讓自己受到孤立的意見，導致多數者更趨向多數，少數者更趨向少數的結果。在另一方面，也有提到社會上存在著不畏孤立的人，並表示這種少數者在改革中是不可或缺的存在。

關鍵字 沉默螺旋

沉默螺旋

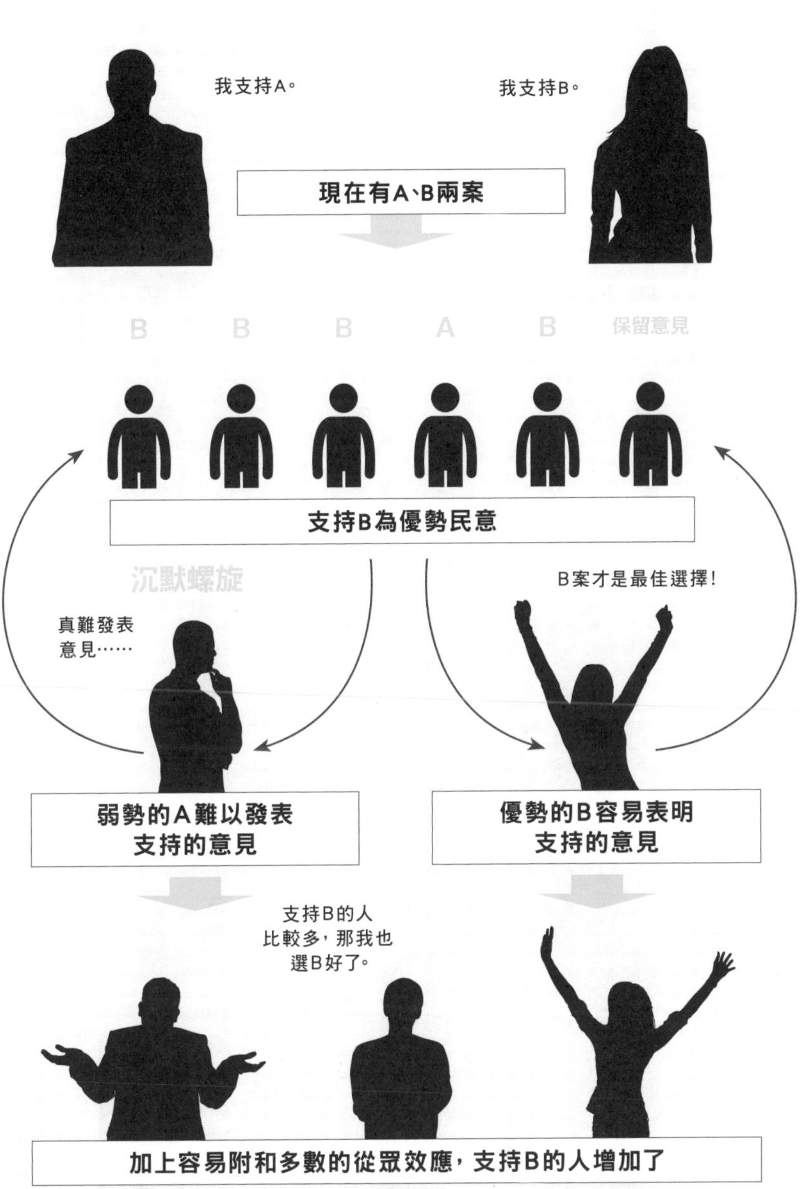
我支持A。
我支持B。
現在有A、B兩案
B
B
B
A
B
保留意見
支持B為優勢民意
沉默螺旋
B案才是最佳選擇！
真難發表意見……
弱勢的A難以發表支持的意見
優勢的B容易表明支持的意見
支持B的人比較多，那我也選B好了。
加上容易附和多數的從眾效應，支持B的人增加了

澀谷的萬聖節為何會失控？

群眾的3大特徵：「一體感」、「無責任性」、「匿名性」

萬聖節現已成為深植於日本的重要節慶了，變裝的小孩子來要糖果是令人會心一笑的畫面，然而在澀谷鬧區卻有部分群眾在街頭推倒卡車，爆發近乎失控的場面。

當一群人聚在一起，有時候就會像澀谷暴民那樣受到周遭影響，不小心做出平常絕對不會做的事情，這就是所謂的**「群眾心理」**。

一般而言，群眾心理包含了**「一體感」、「無責任性」、「匿名性」這3個**特徵。像是為了觀賞運動賽事或是參加活動等等，因為共同目的而聚在一起的群眾很容易就會產生一體感。以澀谷為例，現場聚集的民眾都有慶祝萬聖節的共同目的，就算自己是一個人參加，只要有了慶祝萬聖節的共通點，便容易與周圍的人有一體感，而這股一體感就會讓人感到情緒亢奮，只要情緒一激動，原本冷靜的判斷力和自制力當然就會下降，要是再加上酒精的推波助瀾，更有可能導向一發不可收拾的局面。

此外，**群眾有別於組織性團體，每個人身上沒有任何責任或義務的束縛**，所以也容易產生不管做什麼都沒關係的無責任性心理。

不僅如此，周圍的人不曉得自己是誰的匿名性，也會減輕許多內心的罪惡感，再加上現場氣氛和情緒使然，人就會忍不住做出違反常理的行為。

關鍵字 **群眾心理**

群眾心理的特徵

?

一體感

人們聚在一起就容易產生一體感，心情會感到亢奮。

無責任性

自己與群眾化為一體，自我意識變得淡薄，容易做出不負責任的行為。

匿名性

和陌生人聚在一起時的匿名性較高，容易沖淡罪惡感。

人一感到不安時就會想聚在一起?

在人們群聚的理由裡，存在著一種「確認其他人的想法來安撫自己」的心態。比方來說，在以「測試電擊效果」為名目的實驗中，請受試者回答自己要如何度過實驗開始前的等待時間。相較於事先告知受試者「因為電流較弱，不會有任何感覺」的組別，在告知受試者「會受到強烈電擊」的組別裡，會有比較多人回答「要和其他人一起等待實驗開始」。這就是內心產生了「想知道有人和我一樣不安，藉此安撫內心情緒」的心理現象。

● 以「調查電擊效果」為名目的實驗

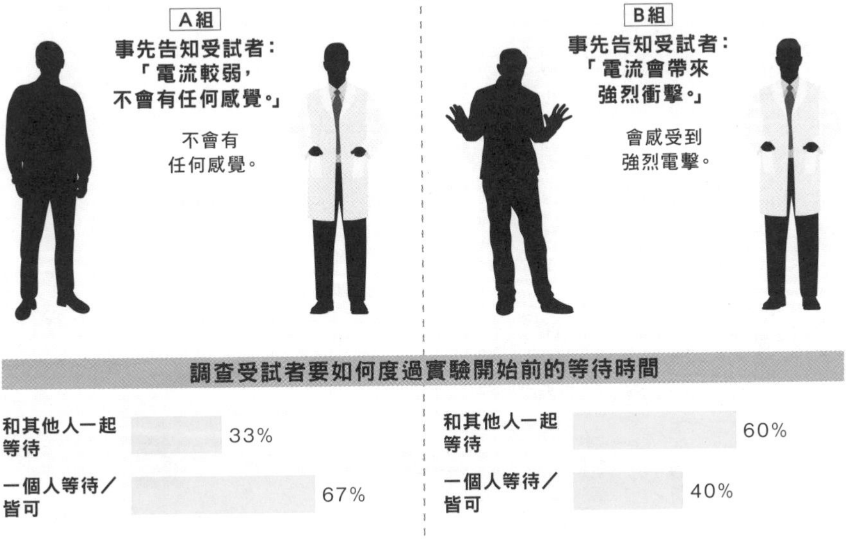
A組
事先告知受試者：
「電流較弱，
不會有任何感覺。」
不會有
任何感覺。
B組
事先告知受試者：
「電流會帶來
強烈衝擊。」
會感受到
強烈電擊。
調查受試者要如何度過實驗開始前的等待時間
和其他人一起等待
33%
一個人等待／皆可
67%
和其他人一起等待
60%
一個人等待／皆可
40%

人會在什麼時候陷入恐慌？

人容易在特定條件下陷入恐慌

通常我們都覺得在面臨重大意外或災難等緊急狀況時，群眾容易失去理智，產生恐慌。然而，回顧一下過去曾經發生的災難或意外之後，便可得知群眾其實不一定會陷入恐慌。

那麼，人在什麼情況下容易恐慌呢？一般來說，**當人在面臨生命財產受到威脅的緊急狀況下，如果發現逃離危機的方法有限，或是即將走投無路時就容易陷入恐慌。**

下述實驗就是在探討這種恐慌的心理現象：多名受試者必須在短時間內逃出房間，可是房間的出口只有一個，而且一次只容得下一人通過。受試者手邊分別有兩個寫著「脫逃」和「退讓」的按鈕，並設定了以下的脫逃規則。

・只要按一百次脫逃按鈕，按下按鈕的人就可以成功脫逃。

・但是當其他人也同時按下自己的脫逃按鈕時，雙方的按鈕次數都不會被列入計算。

・在這個時候，只要按下讓步按鈕就能讓對方的按鈕次數被列入計算。

除了這些條件之外，還加上了「脫逃失敗時，會遭到強烈電擊」的恐怖條件。像這樣特意設計出容易讓人恐慌的情景後，受試者在時間的推移下，按下脫逃按鈕的次數會變得比按下讓步按鈕的次數還多。為了讓自己獲救，在彼此搶按脫逃按鈕的情形下，最後便造成所有人都脫逃失敗的局面。

關鍵字 恐慌

容易陷入恐慌的情況

在面臨生命財產
受到威脅的緊急狀況下……

- 逃離危機的方法有限
- 逃離危機的方法即將失效

容易陷入恐慌

●脫逃方法有限的心理實驗

多人必須在短時間內從這扇門逃離現場

一次只容得下
一個人通過的門

被告知了下述的脫逃規則

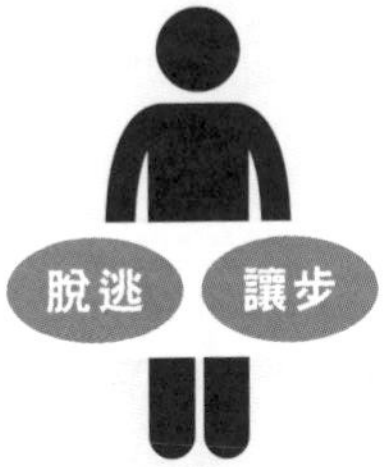

- 所有人都有拿到「脫逃」和「讓步」的按鈕
- 只要按100次手邊的脫逃按鈕就能成功脫逃
- 如果其他人也同時按下脫逃按鈕，雙方的按鈕次數都不會被列入計算
- 只要按下讓步按鈕，就能讓對方的按鈕次數被列入計算

最後的實驗結果，所有人都脫逃失敗！

為什麼遇到緊急情況也不避難呢？

如果別人沒有動作，自己就不會覺得情況緊急

近年來，由於局部豪雨等災害肆虐，日本各地接連遭遇嚴重災情。在發生類似災害時，日本氣象廳會發布避難勸告，呼籲民眾加強警戒，但往往還是有不少人因為避難不及造成憾事。

通常人在災害當下不去避難，歸根究底的**最大因素就是「不覺得現在情況緊急」**。比方來說，在政府發布避難勸告之後，當我們看到附近鄰居都在避難，就會覺得「是不是很危險啊？」自己也會開始準備動身避難，但要是身邊沒有任何人避難，我們心裡就會覺得「應該不要緊吧」，而因此打消避難念頭。

像這樣因為看到別人沒有動作，自己的不安和擔憂受到趨緩，自認為這應該沒什麼大不了的現象就稱為**「多數人的無知」**（**pluralistic ignorance**）。

下述研究就是在探討這個多數無知的現象：首先，以採訪的名目請2至3名學生聚集在同一個房間，讓大家填寫問卷，不久之後，會有煙霧從通風口吹進房間內。其實在這群學生中，真正的實驗受試者只有1人，其他學生都是安排好的同謀。即使房內充斥著煙霧，擔任同謀的學生也不會有特別反應，繼續若無其事地填寫問卷。在這個情況下，受試者會向研究人員報告煙霧的事嗎？結果顯示，擔任受試者的學生是獨自參與實驗時（現場只有自己1人），有55％的人會在2分鐘內向研究人員報告煙霧的事；當身邊有1名或2名同謀時，會在2分鐘內向研究人員報告的受試者僅僅只有12％。明明發生了煙霧瀰漫的異常事態，人卻會因為別人沒有任何動作，而逕自認為這沒什麼大不了的。

關鍵字 **多數人的無知**

多數人的無知

在填寫問卷途中，有煙霧從通風口吹進房間內。如果只有受試者 1 人在場，有 55%的人會在 2 分鐘內報告有煙的事；當身邊有 1 名或 2 名同謀在場時，僅僅只有 12%的人會在 2 分鐘內回報。

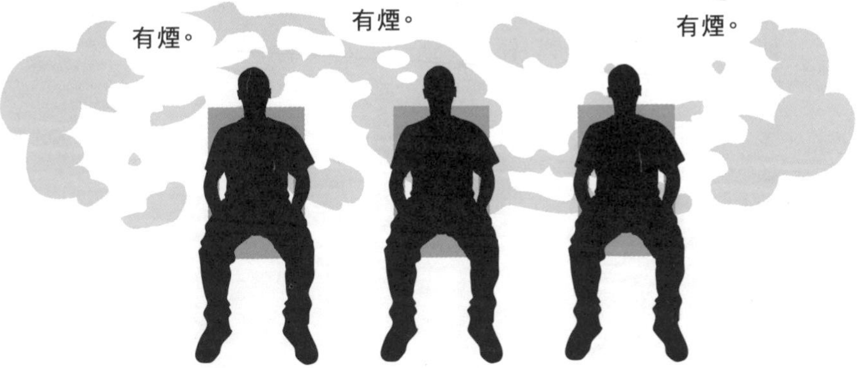
有煙。
有煙。
有煙。

在冒煙了!

●只有受試者1人在場時

**⇒ 55%的人會在2分鐘內，
75%的人會在4分鐘內回報。**

大家好像都不在意
煙霧的樣子，那應該
不要緊吧?

●當受試者與1名或2名同謀待在一起時

**⇒ 只有12%的人會在2分鐘內回報，
這個人數比例在經過4分鐘之後
也不會改變 。**

信者得永生？

改變解讀就能化解矛盾

當自己的內心存在著矛盾時，這個狀態就稱為「認知失調」(cognitive dissonance)。這是費斯廷格(Leon Festinger)提出的理論，他認為當人發生認知失調的時候，會在無意識中試圖改善這個現象。

針對這個理論，費斯廷格進行了下述研究：某宗教團體的信徒們相信「世界會在1954年12月21日因為大洪水而滅亡，只有是信徒的我們會被外星人拯救」。然而到了當天，卻什麼也沒有發生，這時候在信徒們的心中，便產生了「相信預言一定會成真，但現實卻是沒有大洪水、也沒有外星人」的矛盾想法，於是信徒們轉而認為「是因我們的虔誠信仰讓神明阻止了洪水，拯救了世界」。改變自己對於預言失準的解讀後，便消除了心中矛盾，化解掉認知失調的現象。

同樣的狀況也會發生在吸煙者身上，對吸煙者來說，明知吸煙有害健康，仍然習慣抽煙的行為會在心中形成矛盾。

若要化解矛盾，下定決心戒煙也是一個方法，然而這並非是件易事，於是吸煙者就會開始心想「也有人吸煙卻很長壽」，或是「戒菸的壓力反而有害身心健康」，藉此舒緩認知失調的現象。

綜合以上所述，**通常人只會選擇對自己有利的資訊和解讀，想盡辦法防止認知失調的現象。**

關鍵字 **認知失調**

化解認知失調

以某宗教團體為例

某教團的信徒們相信「世界會在1954年12月21日因為大洪水而滅亡，只有是信徒的我們會被外星人拯救」

然而，1954年12月21日當天卻什麼也沒發生

由於預言失準，信徒們產生了認知失調的現象

為了化解認知失調，信徒們便轉而認為是「自己的虔誠信仰阻止了洪水發生」

費斯廷格的認知失調實驗

這場實驗要觀察做著無趣工作、嘴上又得表示「很有趣」的受試者，要如何化解內心的認知失調。在實驗中會分成獲得 20 美金報酬，以及獲得 1 美金報酬的組別來做驗證。

提供20美金的報酬，並指示受試者必須向接棒的人表示「作業很有趣」

提供1美金的報酬，並指示受試者必須向接棒的人表示「作業很有趣」

作業結束後，詢問大家的真心話……

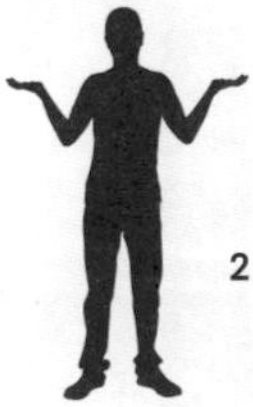

其實做起來非常無聊。

20美金的高額報酬化解了內心的認知失調

意外地覺得挺有趣的。

1美金的報酬無法化解內心的認知失調，轉而將原本的認知改為「覺得很有趣」來消除矛盾

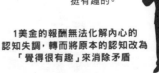

孤立感會促使犯罪嗎？

社會排斥的環境會提高人的攻擊性

1995年至2001年間，在美國發生的15件校園槍擊案件中，有13件的加害者曾受到同儕的嚴重霸凌或排擠。此外，也有人指出會有犯罪行為或不當行徑的少年，通常與父母之間的關係都很淡薄等等，在社會上會感受到強烈的孤立感。像這樣**被親朋好友疏遠，無法與社會連結的人比較容易爆發攻擊行為嗎？**特溫格（Jean Twenge）為了驗證**「社會排斥」**（social exclusion）與攻擊行為的關聯，便進行了以下的實驗。

首先召集彼此都是初次見面的4至6名學生，讓大家互相聊個15分鐘左右。接著對每位學生進行問卷調查，請所有人舉出2名「想和對方共同作業的人」，並將受試者分為「知道所有人都選中自己」的接納組，以及「知道沒有任何人選中自己」的排斥組（隨機分組，與實際的問卷調查結果無關）。在這之後，讓受試者與無關分組的人共同玩場遊戲，只要獲勝就能在對方的耳機播放令人不悅的噪音進行攻擊。到了最後，我們可以得知與接納組的受試者相比，排斥組的受試者播放的噪音強度是1．4倍，長度則是2倍，具有比較高的攻擊性。

為了進行實驗，**只是讓參與的學生暫時處在偽社會排斥的環境下，竟然就能讓受試者感覺自己被孤立，並因此產生攻擊性較高的行為。**

關鍵字 **社會排斥**

社會排斥與攻擊行為的實驗

讓多名受試者與其他人進行15分鐘左右的對話兼自我介紹

分別向每個人做問卷調查，請所有人舉出2名「想和對方共同作業的人」

將受試者分為「接納組」和「排斥組」
（隨機分組，與實際的問卷調查結果無關）

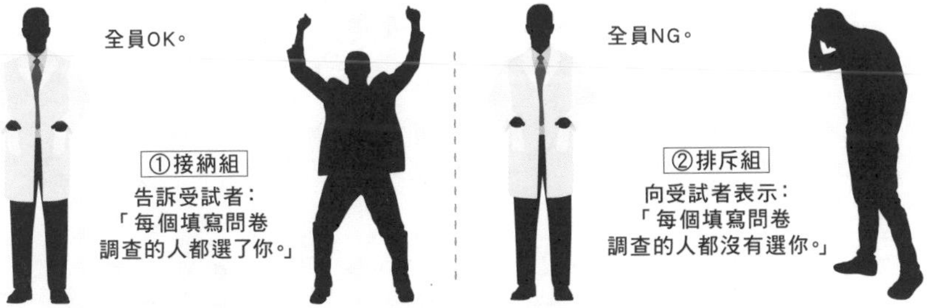
全員OK。
①接納組
告訴受試者：
「每個填寫問卷
調查的人都選了你。」
全員NG。
②排斥組
向受試者表示：
「每個填寫問卷
調查的人都沒有選你。」

與無關分組的人玩一場遊戲，
只要獲勝就能在對方的耳機播放讓人不悅的噪音進行攻擊。
在播放的時候，贏家可以自行決定噪音的強度和長度。

與接納組的受試者相比，排斥組的受試者播放的噪音強度是1.4倍，
長度則是2倍，明顯具有比較高的攻擊性。

服從的心理

在艾希曼實驗中（P.18）介紹了，即便是一般善良民眾也會因為受到權威人士命令，不由自主地做出殘忍行徑。為什麼人會有這種「服從」的現象呢？

其中一個原因，很有可能就是「代理人轉移心態」，這是指忠實聽從他人要求，單純把自己視為代理人的心態。

研究人員給出指令後，參與實驗的人會開始認為：「想施予電擊的人是研究人員，自己只是奉命行事，依照指示在按鈕而已。」

於是，當人轉移至代理人心態之後，便覺得自己身上並未揹負任何責任，縱使做出傷害他人的行為，也不會有犯罪的意識。

當有人犯下像是大屠殺的嚴重罪行時，我們都會忍不住覺得「對方的人格一定有什麼重大缺陷，正是因為和我們一般人不一樣才做得出這種不人道的事」。然而，即便是具有正常理智的人，在環境的影響下，還是有可能不由自主地做出相同舉動。艾希曼實驗就是將這個道理擺到了我們的面前。

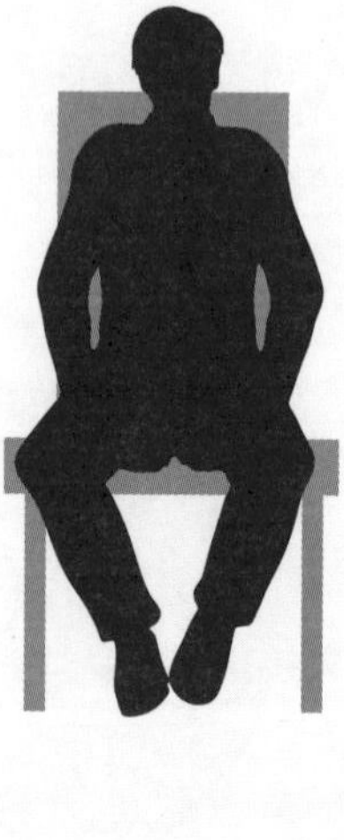

第2章

團體組織的心理學

什麼是團體的專屬規範？

團體規範會受他人的影響而訂定

團體共有的價值判斷與行為判斷的準則稱為「團體規範」(group norm)。在許多團體中，擁有該團體專屬的規則、習慣和價值觀的並不少見，不過這種團體規範是如何訂定出來的呢？

謝里夫(Muzafer Sherif)透過下述實驗，驗證了團體規範的訂定過程。

首先請2至3名受試者進入暗房，讓他們在黑暗之中觀看光點，接著讓受試者按照順序，回答黑暗中的光點移動了幾英寸。當受試者單獨參與實驗的時候，大家回答的數字都不一樣，然而當有2至3人同時一起參與實驗時，隨著回答次數增加，每個人的答案會逐漸地越來越相近。

其實黑暗中的光點完全沒有移動過，看起來好像移動過的模樣只是錯覺而已，**但在回答數次的情況下，由於途中參考了他人的答案，大家回答的數字就會慢慢變得一致。**換句話說，當我們一旦進入了團體，原本應該相差甚遠的個人思維便會互相受到他人行為的影響，開始逐漸被統一。

於是，團體規範就會像這樣受到團體成員的價值觀左右，比方來說，在多數人認為「社會人士必須注重穿著打扮」的團體中，較容易訂定出講究服裝和髮型的團體規範，也會致力讓同一團體的成員遵守該規範。

此外，**左圖的可能反應模型(return potential model)能顯現出團體對於某行為能有多少的規範程度。**

關鍵字 團體規範

團體規範形成過程的實驗

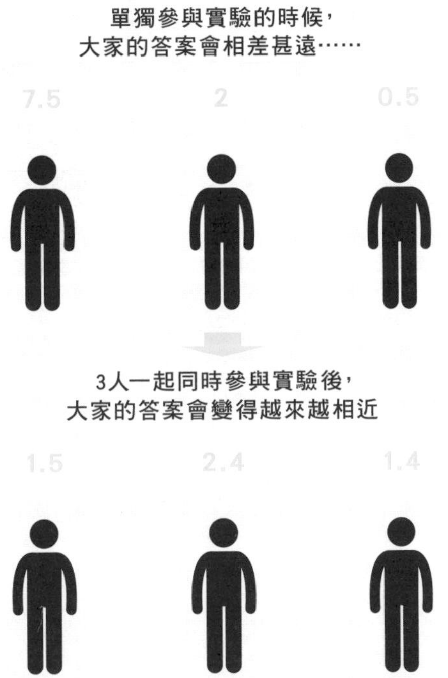

這是請受試者回答黑暗中的光點移動了幾英寸的實驗。受試者單獨參與實驗的時候，每個人都會回答相差甚遠的數字，然而當2～3人同時一起參與實驗時，隨著回答次數增加，最後大家的答案會變得越來越相近。

可能反應模型（return potential model）

這是顯示團體對於某行為能有多少規範程度的圖表。比方來說，在調查某團體「對於高中生零用錢的規範」時，一開始先以「每個月期望給小孩子的零用錢金額」為題，將1千圓～1萬圓的範圍劃分成9個階段，以＋4～－4來評價各個金額。接下來再取出其中的平均值轉換成圖表，便得出右圖的結果。所以從圖表來看，可以得知在這個團體的規範中，最理想的期望金額是5000圓，3000圓～7000圓則是在可容許的範圍內（非負面評價）。

●最大反應點（獲得團體最高正面評價的行為）

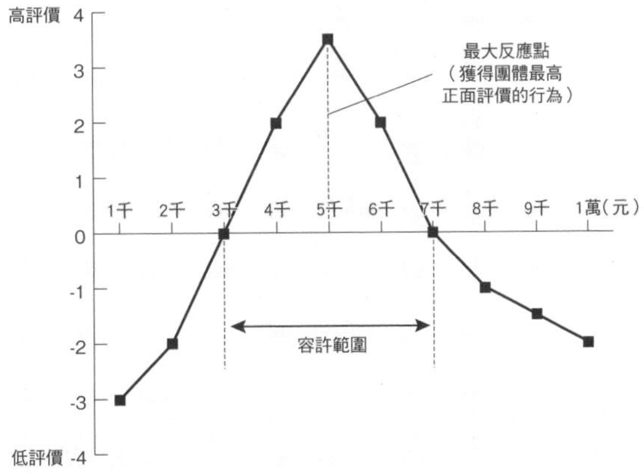

為什麼人會服從組織呢？

讓人選擇服從的5個社會權力

我們在團體中要決定任何事情時，有時候雖然與自己的想法相左，最後還是會選擇附和周圍的意見，像這種**口是心非的從眾行為就稱為「公開從眾」（public conformity）**。舉例來說，大家準備一起去KTV歡唱的時候，雖然你其實很想回家，卻又覺得「拒絕的話會潑大家冷水」，或是「不想被大家當作不合群的傢伙」，結果還是跟著一起去KTV的行為就是公開從眾。相反地，當你判斷周圍意見是對的之後才決定從眾，這個行為則稱為「私下接納」（private acceptance）。

此外，公開從眾也會影響到服從行為，例如像是牽扯到內部組織的企業違法行徑，可以說是與服從有關的代表性例子。儘管心裡明白這麼做不對，但是「為了社會」或是「不想陷自己於不利處境」的心態，就會使自己選擇服從命令，袒護違法的行徑。

法蘭其（John French）與雷芬（Bertram Raven）將出現在艾希曼實驗（P．18）中，使人服從權威的力量稱為**「社會權力」（social power）**，並分成五大類型——給予獎賞使人服從的「獎賞權」（reward power）、利用主管或前輩等階級輩分的「合法權」（legitimate power）、利用對方好感或敬意的「參照權」（referent power）、以該領域專家之身分使人服從的「專家權」（expert power）、有權施予處罰的「強制權」（coercive power）。**在這些社會權力的使然之下，就會讓平常善良又有責任感的人也知法犯法，不由自主地選擇服從。**

關鍵字 **社會權力**

私下接納與公開從眾

從眾行為分成心服口服的「私下接納」，以及害怕自己在團體中受到排擠，只好口是心非地「公開從眾」。當你覺得該團體具有重要價值時，自己與成員之間的關係越緊密，便越容易趨向公開從眾。

燒肉比壽司
更好吃！
你說得沒錯！
沒錯！
其實我比較愛
吃壽司……
私下接納
公開從眾

使人服從的社會權力

法蘭其與雷芬把使人服從的力量稱為「社會權力」，並分類成5大類型：「獎賞權」、「合法權」、「參照權」、「專家權」、「強制權」。

獎賞權
有權力給予獎勵
的人物

強制權
有權力施予處罰
的人物
合法權
如主管或前輩
等，社會地位
高於自己
的人物
專家權
法律、醫療、文化、
政治等領域的
專家
參照權
自己抱有
好感或敬意
的人物

團體意見容易趨向極化

團體決策容易偏向其中一方

在進行決策的時候，一般均認為比起一個人做決定，互相討論之後才能得到更加安全無慮的決策。可是，在斯同納（James Stoner）的研究中，卻發現事實並非如此。

斯同納在這項研究中進行了「選擇困境問卷」的實驗。在實驗中會請受試者回答有關「是否該跳槽到沒有未來保障，卻能期待高額薪水的公司」，總共12道具有風險的問題，並分別詢問每位受試者願意在多少成功率下嘗試這個挑戰。

當受試者獨自回答這個問題時，平均會得到男性是55．8％，女性是54．7％的答案。換句話說，男女都判斷只要沒有50％以上的成功率，就不該嘗試。接著將男女各分成6人小組，請大家分別討論出一個答案之後，男性組的答案會變成47．9％，女性組則是46．8％。相較於剛才單獨回答的答案，現在則是出現了即使成功率不高，也應該要勇於挑戰的結論。像這樣**經過討論之後的結果，會比個人意志更具風險的現象就被稱為「冒險偏移」（risky shift）**。另外，在這之後的研究中也得知當多數成員的意見偏向保守時，會出現團體決策更趨於保守的「謹慎遷移」（cautious shift）現象。

這種比起獨自決定，團體決策會偏向其中一方的情況就稱為**「團體極化」（group polarization）**。關於引發團體極化的原因，許多專家便提出了從眾行為（P．14）或社會比較（P．28）等各式各樣的理論。

關鍵字 團體極化

這是詢問受試者在面對具有風險的選擇題時，覺得應該在多少成功率下嘗試挑戰的實驗。最後可得知比起獨自回答的答案，團體討論的結果會比較願意在較高的風險下嘗試挑戰，出現團體極化的現象。

●受試者要回答12道類似下述的問題

【例題】

【1】
某位電機技師目前有個薪水不錯、也有終身僱用保障的工作，可是他現正在猶豫是否要跳槽到可望有相當高的薪水，但未來可能沒有保障的工作。請問要有多少成功率，你才會勸對方跳槽呢？

【2】
有個人罹患了嚴重的心臟病，必須接受困難手術才能過著普通生活。手術成功的話就能完全痊癒，可是一旦失敗就有可能送命。請問要有多少成功率，你才會建議對方動手術呢？

●男性受試者

【事前獨自回答時的平均值答案】

55.8%

【經過團體討論後的平均值答案】

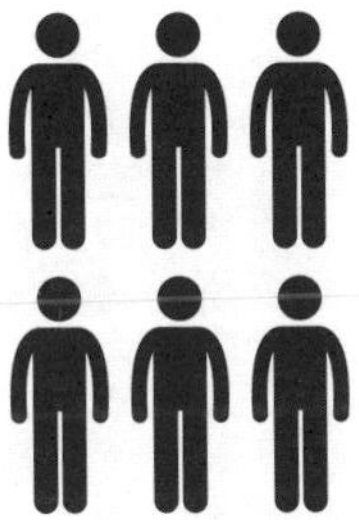

47.9%

往風險較高的方向偏移了7.9%

●女性受試者

【事前獨自回答時的平均值答案】

54.7%

【經過團體討論後的平均值答案】

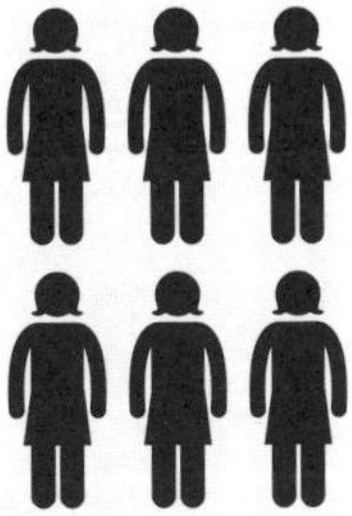

46.8%

往風險較高的方向偏移了7.9%

組織是如何做出錯誤決策？

有「深信不疑」、「看不起外界」、「排除異議」3大徵兆的話就要小心！

關鍵字 **團體迷思**

有時候明明一個人可以判斷正確，經過團體討論之後卻會做出錯誤判斷，這個現象稱為**「團體迷思」**（groupthink），是由美國心理學家詹尼斯（Irving Janis）所提出的理論。

詹尼斯將美國政府視為一個團體，調查了這群人過去的失敗歷史（珍珠港事件、韓戰、越戰、豬玀灣事件、水門案等）。他研究了各式各樣的紀錄，分析當時的美國總統與顧問是透過什麼經緯而執行錯誤政策，並將團體迷思的徵兆系統化。

據詹尼斯的分析，**具有高度凝聚力，讓人難以提出反對意見的封閉團體較容易發生團體迷思的現象。**此外，他也指出**團體迷思會出現毫無根據地過度信任自己、看不起外界的忠告、排斥對自己不利的資訊或反對意見等徵兆。**如果這些情況沒有改善，在決策的過程中就會發生「不會充分考量其他方案」、「不會檢討該方案潛藏的風險及成本」、「不會研擬緊急狀況的應變計畫」等問題。

詹尼斯當初是分析美國政府昔日政策的決策過程，不過他所指出的部分也適用於民間企業。例如過去曾有人向工廠提出作業的危險性和問題，內部組織卻是不屑一顧，最後導致重大意外發生的事件也可說是團體迷思的典型實例之一。

團體迷思

凝聚力越高，團體內的意見會越趨一致

●發生團體迷思的徵兆

我們是
無敵的!

高估所屬團體的能力

對自身團體抱持無懈可擊的幻想，過度信任該團體一定會說到做到的價值觀。

根本不需要聽
外行人的意見。

看不起外團體

覺得外部人士是什麼都不懂的外行人，對外界的忠告不屑一顧。

好像有點怪怪的，
可是我說不出口啊。

排斥疑問與批判

刪減對自己不利的資訊，或是扭曲成有利的不實內容。除此之外，還會對異議者施壓，透過全體一致的氛圍營造出自以為正確的幻想。

●團體迷思的重大問題

1.不願意充分考量其他方案
2.不會充分檢視目標
3.資訊收集不良
4.僅擷取對自己有利的資訊進行檢討
5.不會二度審視曾經駁回的替代方案
6.不會充分檢討該案潛藏的風險與成本
7.不會研擬緊急狀況的應變計畫

該如何翻轉錯誤的判斷？

即使明白不對，卻無法回頭的心態

前面已經說明了許多關於團體在進行決策時，可能會發生的團體極化或團體迷思等各種問題，那麼在團體做完決策後，如果發現這其實是錯誤判斷時，有辦法立刻撤回當初的決定嗎？

這個答案是NO。因為一旦拍板定案之後，**就會發生即使察覺到這個結論有誤，仍然沒有辦法翻轉決策的「心理性固執現象」**。

所謂的心理性固執現象，指的是不想讓至今的努力付諸流水的心態，以及不願意承認自己判斷錯誤的糾結，導致沒有辦法讓決策翻案的心理狀態。

假如大家開會決定對一個只要進展順利就能獲得龐大利益的計畫，每個月投入1千萬圓，總計1億圓的資金，然而，在計畫實施了半年之後，卻沒有獲得當初預想的利益，雖然這時候還有機會選擇撤資，只是如此一來，這同時也代表要把至今投入的6千萬圓丟進水溝，而且這還是社長最力挺的投資案，要是半途喊卡，肯定也會害社長蒙羞。於是這個投資案便持續進行下去，理所當然地賠光1億圓的資金，這就是心理性拘泥現象的典型範例。

但其實還有一個可以阻止錯誤決策，名叫「魔鬼代言人」（devil's advocate）的方法，這個方法主要是派出一個成員刻意唱反調，藉此讓其他人能毫無顧忌地發表意見，藉此做出更嚴謹的決定。

關鍵字 **心理性固執現象**

心理性固執現象

①經過團體討論後決定某件事
②發現該決定是錯誤的
都開始在準備了，不能事到如今才翻案。
不想白白浪費至今的努力
按照原本的計畫進行才是對的！
不想承認這是自己判斷錯誤
③合理化原本的決定

魔鬼代言人

魔鬼代言人是團體討論的訣竅之一，是指特意派出某位成員與多數人唱反調的方法。在團體討論中，參加者有時候會因為從眾壓力，沒辦法說出真正的心聲，不過一旦有人提出反對意見，便能讓其他人也可以毫無顧忌地闡述想法，創造出重新檢討該方案是否適合的機會，能夠預防做出錯誤決策。

就決定採用A案吧。
贊成！
等一下！A案還有〇〇的風險啊。
採用A案真的沒問題嗎？
魔鬼代言人

團體共同決策真的會是最理想的嗎？

為什麼明明有人答對，卻會得出錯誤結論呢？

比起獨自決定所有事情的獨裁制度，我們通常偏好經過團體討論的民主風格。**雖然一般都覺得團體能比個人做出更好的判斷，但其實團體討論未必會優於個人的結論。**

比方來說，在一場請5人小組解題的實驗中，原本以為團體中只要有1人答對，經過討論之後一定能找到正確解答，然而實際上若只有1人答對，討論出錯誤答案的機率會是27%、有2人答對時則是8%、有3人答對時則是4%，在有4人答對的時候，團體討論的解答才總算會有100%的正確率。

為什麼明明有人答對，經過團體討論之後卻會得出錯誤答案呢？有人便指出這個原因就在於**「過程損失」（process loss）。所謂的過程損失，是指成員們在團體討論的過程中無法全力發揮自身能力，因而造成損失的現象。**

例如在進行團體討論的時候，自己明明想到了很棒的點子，卻時常找不到適合的發言時機，於是我們便容易半途停下思考，難得想到的點子也無用武之地。不只如此，在團體中也時常有人會打混摸魚，心裡覺得「交給別人辦就好」。

就是因為存在著這些問題，導致團體無法完全發揮應有的能力，造成「明明有人答對，卻討論出錯誤答案」的結果。

關鍵字 **過程損失**

引發過程損失的原因

●過程損失

這是無法讓所有成員全力發揮的現象。有人指出右邊兩項原因就是引發這個現象的來由。

●發言受阻

即使當下有什麼意見或想法，因為沒辦法在其他人發言的時候發表意見，容易讓人半途停下思考。

●搭便車效應

躲在其他人後面，等著坐享其成的行為。導致自己主動放棄思考，只想要附和他人的意見。

投票悖論

一般認為在經過討論之後，才能做出能夠反映所有意見的民主判斷，但是透過不同的議論方式，其實可以讓人有效操控最後的結果。右圖是名為「投票悖論」的知名命題，從 A、B、C 這 3 案之中投票選出 1 案的時候，可以發現最後的結果會依不同的投票順序而變（以下是占有相同席次的 3 個政黨在議會上採用多數決投票的範例）。

政黨	投票者的喜好順序（方案）
A黨	A>B>C
B黨	B>C>A
C黨	C>A>B

議長希望A案勝出的時候

一開始先以B案和C案進行投票
A黨＝投給B案
B黨＝投給B案
C黨＝投給C案
⇒B案勝出

接著以A案和B案進行最終投票
A黨＝投給A案
B黨＝投給B案
C黨＝投給A案
⇒決定採用A案

議長希望B案勝出的時候

一開始先以A案和C案進行投票
A黨＝投給A案
B黨＝投給C案
C黨＝投給C案
⇒C案勝出

接著以B案和C案進行最終投票
A黨＝投給B案
B黨＝投給B案
C黨＝投給C案
⇒決定採用B案

為什麼會發生團體對立？

對於所屬團體的同伴意識，以及對於外團體的強烈敵意會形成對立

為同一陣線的隊伍努力聲援，向敵對陣營則大聲叫囂，這種行為雖然不符合運動家精神，但在運動場上卻時常見到這樣的光景。**人會特別關懷自己所屬的隊伍（內團體），對他人所屬的隊伍（外團體）則是抱持敵意，這種團體之間的對立就稱為「團體間衝突」**（intergroup conflict）。為了尋找化解團體間衝突的方法，謝里夫與研究團隊便進行了3階段的**「羅伯斯山洞實驗」**。

在第一階段中，將召集來的22名11歲至12歲的少年分成兩組，不讓各團體知道彼此的存在，並將所有人帶往一座名叫羅伯斯山洞的營地。在剛開始的一星期內，分別讓這兩組人馬去登山健行，增加彼此的同伴意識，成功形成了內團體。接著下來，就在快要度過一星期的時候，告訴他們「附近營地來了另一組團體，下星期要和對方進行運動比賽」。於是，少年們便開始對還沒打過照面的外團體產生敵意，更加深了同伴意識。

到了第二階段，讓已經碰面的這兩組團體以爭奪獎品為目標，彼此進行棒球和拔河比賽，激發團體間衝突。此外，各團體的成員也有了更強大的團結力和凝聚力，並為了勝過對手（外團體）重新編排了組織結構。

來到這個階段後，為了確認團體之間的人際關係，研究人員便調查了少年們對朋友的認知。這時候，幾乎所有的少年都會回答內團體的同伴是自己的朋友。簡而言之，**當發生團體間衝突的時候，就會加深對內的團結以及對外的敵意。**

關鍵字 羅伯斯山洞實驗、團體間衝突

羅伯斯山洞實驗

第1段階 透過共同生活提升同伴意識

少年們開始共同生活

將一群少年分成兩個團體，將所有人帶往一座名叫羅伯斯山洞的營地，在這裡共同生活三個星期。另外，在一開始的時候，並不會告訴少年們還有別的團體也在這裡。

強烈的同伴意識

透過登山健行等活動，少年們的同伴意識越來越強烈，並自然而然地形成了內團體（自己所屬的團體）。

告訴大家另一個團體的存在

差不多在過了一星期之後，告訴少年們附近的營地來了另一個團體。於是少年們便開始對素未謀面的外團體（不是自己所屬的團體）產生敵意，更加深了同伴意識。

第2段階 讓團體之間互相對立，激發團體間衝突

讓兩個團體進行爭奪輸贏的比賽

兩個團體在碰面之後，進行了爭奪獎品的棒球或拔河等比賽。於是雙方便產生了想贏過對手，不想輸掉比賽的「團體間衝突」。

團體間的敵意會因為比賽而高漲

想要打敗對手（外團體）的心情變得更加強烈，還重新編排了組職結構以求勝利。在這個階段的最後，調查少年們對於朋友的認知時，幾乎所有少年都回答內團體的同伴是自己的朋友。

因為同伴意識形成的內團體在知道外團體的存在後，內心會燃起一股同仇敵愾的心情。彼此的「團結情誼」會變得強烈，並在比賽或競爭的催化下，引發團體間相互對立的「團體間衝突」。希望自己所屬的團體有優異表現，以及想擊敗對手的心情會因此變得越來越熱烈，還會選出領導者以求達成這個目標。除此之外，在調查大家對朋友的認知之後，可得知在發生團體間衝突時，對內的團結以及對外的敵意會變得更加堅定。

團體對立無法透過交流來化解

關鍵字　羅伯斯山洞實驗、團體間衝突

有了必須同心協力才能完成的整體目標，就能化解團體對立

承第56頁的實驗，在第三階段的時候，為了化解第二階段產生的「團體間衝突」，研究人員召集了互相對立的二個團體，讓大家透過餐會、觀賞電影、放煙火等活動進行交流。原本以為少年們會和樂融融地共享一鍋飯，開心地觀賞電影和放煙火，一起度過愉快時光，但沒想到**兩方團體的敵意過於強大，大家甚至還會對彼此怒言相向、拿剩飯互丟，爆發了大大小小的衝突**。

謝里夫和研究團隊發現光是交流也無法化解團體間衝突之後，便讓營地生活中不可或缺的飲用水儲水槽發生故障，或是故意讓供應食材的卡車陷入泥地裡動彈不得，製造出無法單憑各個團體之力解決的「整體目標」（overall goal）。這個做法發揮了功效，讓原本互相抱有強烈敵意的兩方團體攜手修理儲水槽，也想辦法讓深陷泥地的食材卡車脫困了。完成整體目標後，雙方互相叫罵和發生小糾紛的狀況便逐漸減少，彼此交流的機會也壓倒性地變多了。

此時再度調查大家對朋友的認知後，會發現將外團體成員視為朋友的比例增加至30％以上，原本在團體間衝突之後產生的對外敵意也減少了。

謝里夫與研究團隊的**「羅伯斯山洞實驗」證明了若要化解團體對立（團體間衝突），不能只依靠互相交流的接觸管道，讓各團體擁有必須同心協力才能完成的「整體目標」才是最具效果的方法。**

羅伯斯山洞實驗

第3段階 嘗試各種方法來化解團體間衝突

舉辦交流活動卻以失敗收場

研究人員召集互相對立的兩個團體，舉辦了餐會和觀賞電影等交流活動。然而，由於兩方團體的敵意過於強烈，發生了對彼此怒言相向，拿剩飯互丟的問題。最後使得團體間衝突的狀況變得更加嚴重。

製造出無法憑單一團體之力完成的整體目標

刻意讓營地生活不可或缺的飲用水儲水槽發生故障，或是讓供應食材的卡車陷入泥地動彈不得等等，製造出無法單憑各團體之力完成的整體目標。

整體目標能讓對立的團體團結一心

兩方團體同心協力修理儲水槽，並想辦法讓陷入泥地的卡車成功脫困。在彼此合力完成整體目標的機緣下，便削弱了團體間的鬥爭。另外再重新調查少年們的朋友認知後，將外團體成員視為朋友的比例增加至30%左右。

●在羅伯斯山洞實驗中調查少年們的朋友認知（摘自 Sherif & Sherif, 1969）

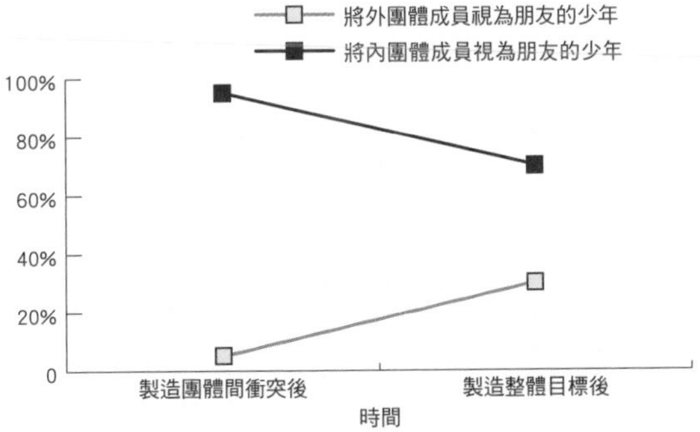

在製造團體間衝突後的調查中，只有不到10%的少年會將外團體成員視為朋友，然而在製造整體目標後的調查中，將外團體成員視為朋友的比例則增加到了30%以上。由此可知大家對於外團體的敵意已經減少許多。

從「羅伯斯山洞實驗」可得知爭奪獎品的競爭成為導火線，造成了團體間衝突。另外也證明若要化解團體間衝突，不能只依靠雙方的接觸交流，讓各團體擁有必須同心協力才能完成的「整體目標」才是最具效果的方法。

即使有所損失，仍會選擇維護團體的優勢

團體越具有優勢，自己的自尊心就越高

在日常生活中，我們會所屬於各式各樣的團體。無論是在哪個團體，每個人在其中都會有不同立場，在加入團體之前也會有各種經緯由來，所以彼此的相處方式比較複雜。歐洲的心理學家亨利・泰菲爾（Henri Tajfel）與研究團隊便研究了在沒有這些框架的團體（最小團體）中，是否會出現**內團體偏私（ingroup favoritism）**的現象。首先讓受試者觀賞兩幅畫，僅以「自己比較喜歡哪幅畫」的答案作為標準，將受試者分成兩組團體。受試者們皆為匿名參加，就算被分為同組也不會見到彼此。因此大家除了知道「有人和自己是同組」之外，完全不曉得其他任何情報。接著在這樣的情況下，請受試者分配金錢（點數）給一名同組成員以及一名不同組的人。在最後的結果中，可得知**受試者們會不約而同地分給內團體成員多一點金額**，而且這個行為並不是在追求內團體的最大利益。即使會讓內團體獲得的利益變少，大家仍會選擇與外團體有較大差異的分配方式。

關於這個結果，就是受到**定義自己為團體一員的「社會認同」（P．96）影響**。比起單純地讓內團體獲得較多好處，透過遠高於外團體的利益**來確保內團體的優勢才是重點**。如此一來，我們便能維持並加強自己偏好的社會認同，提高個人的自尊心。

容易偏袒自己人的「內團體偏私」，以及在這個現象下產生的外團體貶抑（outgroup derogation）就是經由上述過程而生的。

關鍵字 內團體偏私

泰菲爾的最小團體實驗

實驗方法

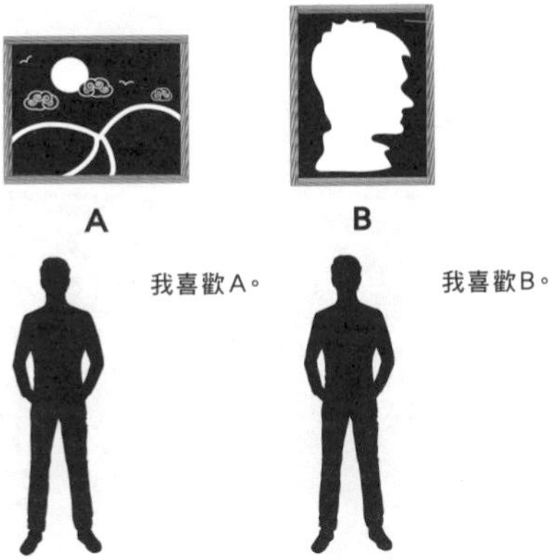

- 讓受試者觀賞兩幅畫，將喜歡同一幅畫的人分為同一組
- 受試者皆為匿名參加
- 同組成員不會見到彼此
- 要分配金錢（點數）給1名同組成員（內團體）以及1名不同組的人（外團體）時，請大家選擇要以哪種方式來分配。

實驗結果

[1] 把15點分給2人時

外團體偏私方針 ←→ 內團體偏私方針

內團體的受益對象	1	2	3	4	5	6	7	8	9	10	11	12	13	14
外團體的受益對象	14	13	12	11	10	9	8	7	6	5	4	3	2	1

[2] 以26點為中心拉開落差時

最大落差方針 ←→ 最大內團體利益、最大共同利益方針

內團體的受益對象	7	8	9	10	11	12	13	14	15	16	17	18	19
外團體的受益對象	1	3	5	7	9	11	13	15	17	19	21	23	25

（摘自 Tajfel,H.,et al., 1971）

上圖是分別分配金錢（點數）給內團體和外團體其中1人（受益對象）的分配方式。從實驗結果來看，通常在〔1〕的情況下會落在12P－3P這一帶，在〔2〕的情況下則落在9P－5P一帶。由此可知即使內團體獲得的利益變得比較少，大家還是會選擇與外團體有較大差異的分配方式。

少數人該如何改變多數人的想法？

多數人的意見未必會受到採納

在團體組成的時候，內部一定會分成多數人與少數人的族群。雖然大部分的情況都會優先重視多數人的意見，**但有時候也會出現少數人影響多數人的案例，這個現象就稱為少數人的影響（minority influence）**。

莫斯科維奇（Serge Moscovici）與研究團隊進行的藍綠典範實驗（blue-green paradigm），就是在調查少數人會帶來什麼影響的實驗。

在實驗中會讓6人小組的團體觀看36張幻燈片，請大家判斷自己看到了什麼顏色，並重複好幾次這個過程。雖然所有幻燈片看起來都是「藍色」，但是混在6人之中的2名同謀全都會故意回答成「綠色」。另外為了進行對照，同時也調查了同謀只回答其中三分之二的幻燈片數量是綠色的情況。

同謀回答所有幻燈片都是綠色的時候，其他4人中有32％會至少回答1次「綠色」；而在同謀只回答24張幻燈片是綠色的組別，則是沒有人會受到同謀的影響。這個實驗結果顯示當少數人的意見缺乏一致性時，就不會為多數人帶來影響。

若要讓少數人的意見在現實社會中獲得採納，其他還有哪些重點呢？首先，除了癥結所在的論點之外，一般認為**其中的關鍵就是與多數人擁有許多共通點。因為多數人會由此認定少數人是自家人，變得能夠接納少數人的意見。**不只如此，當多數人的團體在尋求改革時，通常也會比較容易採納少數人的意見來激盪思維。所以放遠眼光來看，一個團體裡存在著與多數人意見相左的少數人時，就會有比較高的機率做出創新又正確的判斷。

關鍵字　少數人的影響

莫斯科維奇的藍綠典範實驗

實驗方法

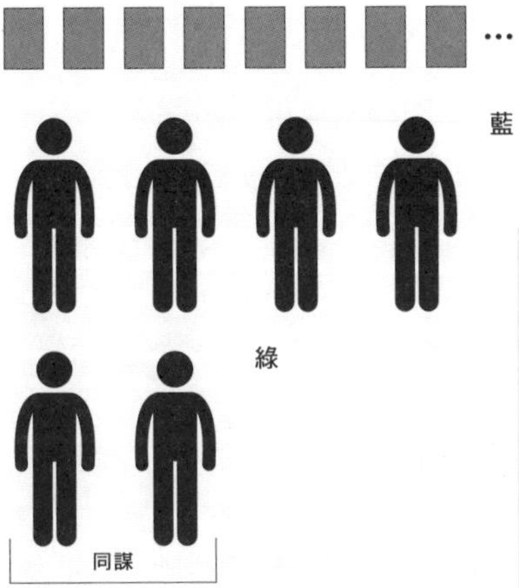

- 請6人小組的團體觀看不同亮度的幻燈片（全部都是藍色），並請大家回答其顏色。
- 在6人之中混入2名同謀，他們全部都會回答「綠色」。

從實驗結果來看，當2名同謀從頭到尾都回答每張幻燈片是綠色時，其他4人中有32％會至少回答1次「綠色」；而在同謀於24張幻燈片的其中三分之二回答「綠色」時，其他4人的回答並不會受到同謀的影響。這就表示若要讓少數人的意見獲得採納，一致性就是個重要關鍵。

多數人與少數人的不同

●多數人

- 傾向維持現狀，行事保守
- 容易掌控團體
- 容易引發公開從眾的現象

●少數人

- 特立獨行、行事創新
- 若要爭取改革，與多數人之間必須要有共通點
- 會使團體產生內在層面的態度變化

一般而言，通常多數人會持有附和旁人的保守意見，而少數人則是會抱持創新的思維。若要讓多數人採納少數人的意見，除了提出支持的主張之外，也要記得強調雙方在日常生活中其實擁有共通點，藉此讓多數人對少數人產生同伴意識。

該如何避免落入團體迷思

在第 50 頁中，介紹了「團體迷思」是內部組織做了錯誤決策的原因之一。提出團體迷思的美國心理學家詹尼斯為了避免組織陷入這種狀態，便列舉出下列 6 項條件。

～避免落入團體迷思的對策～

1 領導者要安排各個成員擔任具備批判眼光的角色

2 領導者要避免在一開始就提出自己的意見或預測

3 針對團體提出的意見，各個成員要懂得向值得信賴的外部人士徵求建議

4 邀請外界的專業人士加入團體討論

5 最少要有 1 名成員擔任「隨時提出反對意見」的角色

6 領導者要保留收到外界警告時的檢討時間

在團體進行決策的過程中，有時候在多數人的從眾壓力下，會製造出難以提出反對意見的氛圍。所以為了避免做出錯誤決策，打造能讓人自由發表個人意見的環境就顯得越來越重要了。

第3章

職場上的心理學

他人的存在會為作業績效帶來什麼影響？

關鍵字 **社會助長、社會抑制**

作業效率會依個人的熟練程度而變

當周圍有除了自己以外的人時，有些人就會顯得比較有幹勁，作業效率變高。崔普萊特（Norman Triplett）注意到這種會因為他人的存在，使得作業績效產生變化的現象後，便進行了捲釣魚線的實驗。

這場實驗是改造釣魚線的捲軸做成捲線機，請受試者使用這個機器捲起固定長度的釣魚線，並比較單獨一個人捲與兩個人捲的作業速度會有多大的變化。以結果來看，**可以得知比起一個人捲，兩個人捲的速度會變得比較快。奧爾波特（Floyd Henry Allport）把這個現象取名為「社會助長」（social facilitation）。**

不過，他人的存在其實不一定會帶來好結果。例如在公司發表簡報的時候，大家是否曾經覺得台下的人讓你緊張，沒辦法好好報告呢？他人的存在會像這樣**降低作業品質和績效的現象就稱為「社會抑制」（social inhibition）**。為什麼會發生社會助長和社會抑制呢？查瓊克（Robert Zajonc）覺得這些現象的關鍵就在於個人的熟練度。

這是指人對事物的習慣程度，可能會引發社會助長或社會抑制的現象。以剛才的簡報為例，習慣發表簡報的A看到台下有人時，反而會幹勁十足地介紹自己的企劃；不習慣發表簡報的B則會介意他人的存在，忍不住開始緊張起來，而沒辦法好好介紹提案。所以若要避免像B那樣遇到社會抑制，並獲得社會助長的效果，就需要針對該事物累積自身經驗和相關知識。

崔普萊特的釣魚線實驗

崔普萊特準備了 2 台用釣竿捲軸改造的捲線機，讓受試者使用這個裝置，並測量單獨一人捲線和兩個人一起捲線花費的時間。從實驗結果來看，可以得知比起一個人捲線，兩個人一起作業的時候比較容易加快捲線速度，提升作業效率。

●一個人捲釣魚線的時候

嗯……感覺沒什麼
進度啊……。

●兩個人待在一起捲釣魚線的時候

感覺
很有效率耶！

比起一個人捲釣魚線，兩個人待在一起時能加快捲釣魚線的速度！像這樣因有他人在場而提升工作績效的現象就稱為「社會助長」。

個人的熟練度較低時，就會發生社會抑制

A很習慣發表簡報，所以在人前也不會怯場，順利地提出了企劃；而B則是不習慣發表的場合，在人前總忍不住畏縮，無法向大家好好介紹自己的提案。很多社會抑制的案例都是出自於個人的熟練度（習慣與否）。

●習慣發表簡報的A

簡報發表得
很順利！

●不習慣發表簡報的B

簡報發表得
不順利……。

他人的存在不一定會產生社會助長。像B這樣因為有他人在場而降低作業績效的現象就稱為「社會抑制」。

觀察他人的行為結果
而有所改變

我們有時會參考他人的行為結果來學習

在第22頁中，透過班杜拉與研究團隊使用充氣塑膠人偶進行的模仿實驗，我們可以得知在觀察學習（認識他人的行為進而學習）攻擊樣板後，人就會比較容易有攻擊行為。

班杜拉與研究團隊除了模仿實驗之外，又進行了讓孩童觀看樣板在攻擊之後獲得獎賞或懲罰的畫面，以觀察受試者會受到什麼影響的替代增強實驗。**「替代增強」（vicarious reinforcement）指的就是在觀察學習途中，看到他人因為個人行為得到獎懲時，觀察者的行為會受到助長或抑制的現象。**

讓3歲至5歲的男女童參加這場實驗，並將大家分為A到D共4個小組。A組觀看樣板在攻擊之後獲得獎賞的影像，B組觀看樣板在攻擊之後遭到教訓的影像，C組觀看兩名大人相處融洽的影像，D組則是沒有觀看任何影像。在這之後，帶孩童們來到有各種玩具的遊戲房，並紀錄大家的行為。

相較於觀看非攻擊樣板的C組以及沒有觀看任何影像的D組，可以發現觀看樣板因為攻擊而獲得獎賞的A組會有比較多的攻擊行為，而觀看樣板因為攻擊而受到懲罰的B組的攻擊行為相較之下則減少。

換句話說，**人在觀察學習了攻擊樣板之後，雖然會變得比較容易有攻擊行為，但如果當事人在攻擊之後會遭受某些傷害，或者是被判刑等懲罰的話，減少攻擊行為的可能性就會變得比較高。**

關鍵字 **替代增強**

班杜拉與研究團隊針對攻擊行為的替代增強實驗

在替代增強實驗中，把 3 歲至 5 歲的男女童分為 A 到 D 共 4 個小組，讓每個小組觀看攻擊樣板或是非攻擊樣板的影像。在這之後，帶孩童們來到擺放玩具的房間，觀察大家是否會模仿樣板的攻擊行為。

A組 觀看大人攻擊他人後，獲得獎賞的影像

B組 觀看大人攻擊他人後，遭到教訓的影像

C組 觀看2名大人相處融洽的影像

D組 不觀看任何影像

實驗結果

觀看樣板在攻擊之後會獲得獎賞的 A 組孩童，會比觀看其他樣板的孩童有更多攻擊行為；反之，觀看樣板在攻擊之後遭到教訓的 B 組孩童，則是會有偏少的攻擊行為。

●樣板獲得的獎懲與攻擊行為（摘自 Bandura et al., 1963b）

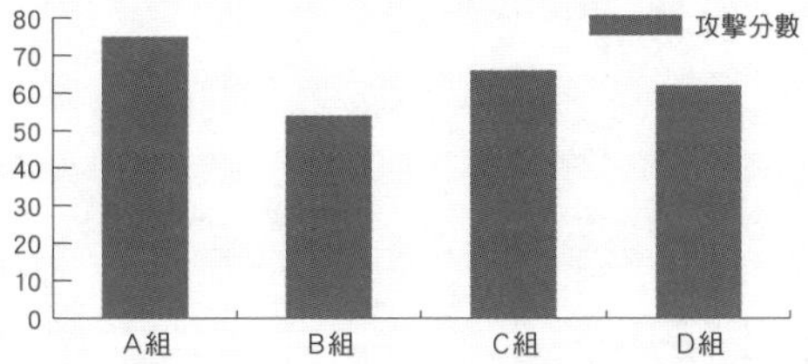

觀看攻擊方遭到教訓的影像之後，該組的攻擊行為會偏少。像這樣因為他人的行為結果，使得當事人的行為受到助長或抑制的現象就稱為「替代增強」。

人會希望自己的行為具有一致性

一旦循序漸進地答應請求，便會讓人開始追求一致性

關鍵字　腳在門檻內策略、一致性原則

你是否曾經遇過推銷員登門表示「聽我說幾分鐘就好」，讓原本打算回絕的你勉為其難地聽了幾句後，卻在不知不覺之間買下商品的經驗呢？這種**先從容易答應的小小請求開始提起，接著再逐漸擴大內容，藉此達成原先企圖的話術就稱為「腳在門檻內策略」（foot-in-the-door technique）。**為了調查這個話術，費里德曼（Jonathan Freedman）與弗雷澤（Scott Fraser）便挨家挨戶地進行了實驗。

實驗人員以「交通安全市民會」的名義拜訪了住宅區，拜託居民讓他們在大門前的院子設置「小心駕駛」的告示牌。一般在請求居民協助設置告示牌時，同意率通常會是16．7%，但如果是曾在兩星期前答應過其他小小請求的居民，對於設置告示牌的同意率最高竟會上升至76%。

實驗人員在兩星期前總共準備了四種類型的請求，並以不一樣的團體名義登門拜訪。

第一種是希望居民在車子或窗戶貼上十公分正方形的「小心駕駛」貼紙，第二種是希望居民貼上美化地區的貼紙，第三種是希望居民簽署交通安全法制化的請願書，第四種是希望居民簽署地區美化法制化的請願書。事先向居民分別提出這幾個小小請求後，曾答應第一種請求的居民對於設置告示牌的同意率約為76%，曾答應其他請求之後的設置率則約為47%。**因為事先答應了小小請求，受試者便認為「自己並未感到有何不妥，應該要答應對方的請求才是」，開始產生追求一致性的心態，使得設置告示牌的同意率上升。**這種想要維持前後一致的心理現象就稱為**「一致性原則」（coherence principle）**。

腳在門檻內實驗

實驗人員自稱「交通安全市民會」的會員，前往加州某住宅區登門拜訪，拜託居民讓他們在大門前的院子設置「小心駕駛」的告示牌。其實在這場實驗的兩星期前，實驗人員就先以其他團體的名義，向居民提出貼貼紙或是簽署請願書等小小請求。

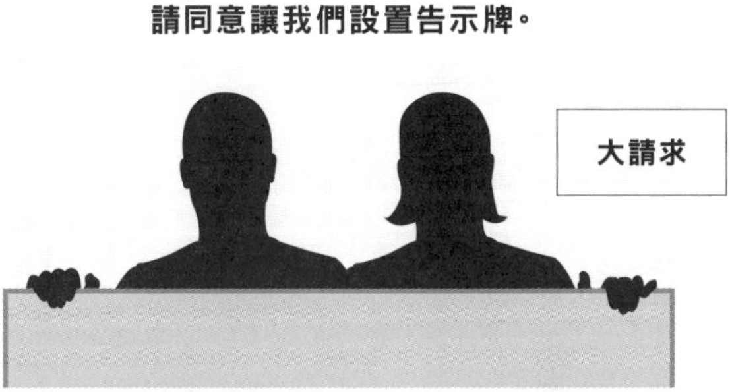
請同意讓我們設置告示牌。
大請求

嗯……，
該怎麼辦呢……？

直接拜託居民同意設置告示牌

在沒有事先拜託居民貼貼紙或是簽署請願書的情形下，大部分的受試者都會拒絕設置告示牌。

設置告示牌的同意率
16.7%

事先拜託居民貼上貼紙

答應貼交通安全貼紙的多數居民也會同意設置告示牌。如果前後提出的請求相似度較高，同意率也會跟著上升。

設置告示牌的同意率	
曾答應貼上交通安全貼紙	76.0%
曾答應貼上美化地區貼紙	47.6%

事先拜託居民簽署請願書

無論請願書的內容為何，曾經簽署請願書的居民對於告示牌同意率皆約為 47%，與曾答應貼美化地區貼紙的結果一樣。

設置告示牌的同意率	
事先答應簽署安全駕駛請願書	47.8%
事先答應簽署美化地區請願書	47.4%

（摘自 Freedman & Fraser, 1966）

通常在答應過小小請求之後，心裡便會認為「自己並未感到任何不妥，應該要答應對方的請求」，而開始對事物產生一致性原則，就變得比較容易接受設置告示牌的請求。

可以設置
告示牌喔！
反正都貼過
貼紙了，
設置告示牌
也沒差吧。

希望自己一連貫的行為能夠前後一致的心態就稱為「一致性原則」。像實驗這樣為了提高真正目標的成功率，事先提出其他小小請求的方法就稱為「腳在門檻內策略」。

他人的評價會改變自己的意見和行為

人的言行舉止會隨著肯定或否定的評價而變

在各式各樣的場合上，我們多多少少都會受到他人的評價，其中最具代表性的例子，就是肯定與否定的評論了。當他人對自己持有的意見（想法）提出「我也這麼認為」或是「我不這麼認為」的評價後，便會讓我們的態度有所變化。**獲得肯定的時候，人會對自己的意見產生自信，之後也會繼續趨向持有相同意見**；受到否定的時候，人則對自己的意見失去信心，之後會趨向持有其他意見。這樣的**態度變化，就是受到「操作制約」（operant conditioning）的心理歷程影響**。

操作制約不僅限於肯定或否定，像是獲得作為「獎賞」的稱讚，或是受到作為「懲罰」的責罵時，同樣也會發生這個現象。

比方來說，在工作上獲得主管的讚賞後，當事人對於該件事的態度就會變得特別積極，做起事來更加起勁，可望提升更高的生產力；反之，若在工作上出錯並受到主管訓斥的懲罰後，當事人會試圖改變自己的態度，人在這個時候，會開始思考「要怎麼做才不會被罵」，摸索出不會失敗的方法或是全新的思維。雖然在當下的那個瞬間，可能會因為受到訓斥而降低工作的生產力，但之後還是有機會能讓生產力慢慢向上提升。

若你想要「提升他人的幹勁」或是「修改他人的錯誤軌道」時，記得也要考量操作制約會引發的態度變化，再同時祭出「糖果（獎賞）和鞭子（懲罰）」。經歷這些過程之後，說不定就有辦法提升對方的生產力了。

關鍵字 操作制約

操作制約

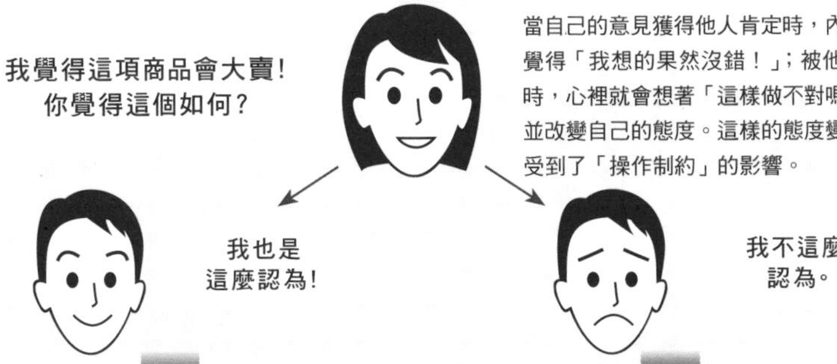
我覺得這項商品會大賣！
你覺得這個如何？
我也是
這麼認為！
我不這麼
認為。

當自己的意見獲得他人肯定時，內心就會覺得「我想的果然沒錯！」；被他人否定時，心裡就會想著「這樣做不對嗎……」，並改變自己的態度。這樣的態度變化就是受到了「操作制約」的影響。

因為獲得他人的認同，人會對自己的意見產生自信，之後也會繼續趨向持有相同意見。

因為受到他人的否定，人會對自己的意見或想法失去信心，之後會趨向持有其他意見或想法。

受到獎懲影響的態度變化

獲得作為獎賞的稱讚或是受到作為懲罰的訓斥時，在這些情況下同樣也會發生操作制約的現象，使得當事人的態度出現變化。只要好好區分使用方法，就可以藉此提振對方的幹勁，或是有機會找到全新的思考方式。

獲得來自他人的獎賞

・得到認同、稱讚等等

態度不會有所變化，
會因此對該事物更加積極

受到來自他人的懲罰

・遭受否定、訓斥等等

人會改變自己的態度，
開始摸索全新的思維

獲得他人肯定後，未來在類似的場面下也會趨向選擇相同行為；反之，在遭受他人否定後，未來便會趨向選擇其他行為。這種自身態度的變化，就是受到「操作制約」的心理現象影響。

人際關係對提高生產力的影響

大於勞動條件

員工周遭的人際關係會對工作造成影響

關鍵字 **霍桑實驗**

梅奧（George Elton Mayo）與研究團隊從1924年起的8年期間，以當時認為燈光亮度和休息時間等物理性勞動條件，會對生產力造成影響的主流觀念作為依據，在美國的工廠進行了「**霍桑實驗**」（**Hawthorne experiment**）。在燈光實驗中，比較了燈光在保持固定亮度和逐段明亮的狀態下，兩者之間的生產力會有什麼差異。結果發現兩者的生產力不但都成長了，就算調暗燈光也能持續維持成長後的生產力。

在將五名員工隔離至其他房間組裝繼電器的實驗中，依序改善房間的溫度和濕度，還有勞動天數及休息時間等條件後，生產力便出現了成長趨勢。接著下來再「惡化」勞動條件，重新退回到原始的環境，此時的生產力仍舊會持續向上成長。其實為了讓員工保持固定的心理狀態來工作，在實驗中會與大家進行面談，傾聽需求，慢慢改變物理性以外的勞動條件。於是員工開始體認到自己肩負了身為受試者的特別職責，心理上產生了變化，所以即使物理性的勞動條件惡化，員工依然能持續提高生產力。像這樣**因為受到觀察者的注目，使受試者改變行為的現象就稱為「霍桑效應」**（Hawthorne effect）。

在以兩萬名員工為對象的面談實驗中，會發現員工的來歷及職場人際關係的滿意度，都會影響員工在職場上的勞動意願；而在接線室觀察實驗中觀察十四人的作業小組後，可以得知公司內部自然形成的非正式組織及規範，對生產力會有比較大的影響。所以根據霍桑實驗的結果**便了解到，若要提高生產力，員工周遭的人際關係比物理性的勞動條件更為重要。**

霍桑實驗①

燈光實驗（1924 年至 1927 年）與繼電器裝配實驗（1927 年至 1929 年）是為了證明物理性的勞動條件（燈光亮度、房間溫度、休息時間等等）會影響生產力的實驗。然而在這兩個實驗中，都發現無論物理性的勞動條件變化與否，仍舊會得到生產力向上成長的結果。

●繼電器裝配實驗

將 5 名員工隔離在同個房間內裝配繼電器，並改善和惡化下述的勞動條件，檢驗員工的生產力會產生什麼樣的變化。

勞動條件的變更內容

- 作業房間的溫度及濕度
- 勞動天數、休息的次數及時間
- 休息中是否提供餐飲等等

●燈光實驗

比較燈光在保持固定亮度和逐段明亮的狀態下，兩者之間的生產力會有什麼差異。接著在比較完下述條件之後，再檢驗調暗燈光時的生產力。

即使勞動條件產生變化，生產力仍然會有成長。不只如此，在取消所有福利條件之後，員工的生產力也不會突然驟降，而是持續向上提升。

■燈光保持固定亮度
⇒生產力向上成長
■燈光逐段變得明亮
⇒生產力向上成長
不只如此……
生產力向上成長之後，再調暗燈光
⇒維持成長後的生產力

霍桑實驗②

梅奧與研究團隊依據前面的實驗結果，提出了影響生產力的並不是物理性的勞動條件，而是與員工周遭的人際關係以及每個人的情緒有強烈關聯的假說，並進行了面談實驗（1928 年至 1930 年）和接線室觀察實驗（1931 年至 1932 年）。

●接線室觀察實驗

將 14 名作業員分成 1 組，讓大家負責組裝電話總機的接線板，再觀察團體內的人際關係結構及內部組織的形成會對個人帶來什麼影響。

正式的組織及規範
例如主管與下屬的關係等等

非正式的組織及規範
例如夥伴之間組成的集團等等

發現比起公司的正式組職及規範，內部自然形成的非正式組織及規範對員工的生產力有更大的影響。

●面談實驗

與公司大約半數的 2 萬名員工進行面談，傾聽大家的抱怨和不滿。

發現每個人過往的家庭和社會生活經歷，還有與職場同事及主管之間的人際關係是否圓滑，都會牽動員工在職場上與勞動意願有關的情感。

原本以為燈光亮度、房間溫度和休息時間等物理性勞動條件都會影響生產力，然而依據「霍桑實驗」的結果，可得知生產力會受到勞動者周遭的人際關係左右。此外，參加實驗的受試者意識到自己受到觀察者的期待，進而改變行為的現象就稱為「霍桑效應」。

給予獎賞也有可能讓人失去幹勁？

因為獎懲失去好奇心

大家知道「動機」（motivation）一詞嗎？這是人要引發某種行為的必備心理歷程，最近就有不少企業為了提升績效，開始加強員工的工作動機來追求生產力。

動機又分成**因為興趣而行動的「內在動機」（intrinsic motivation），以及為了獲得獎賞或迴避懲罰而行動的「外在動機」（extrinsic motivation）。**尤其內在動機的特徵就是一旦失去好奇心或注意力，當事人便不會再有任何行動，這雖然是難點所在，但由於內在動機不會受到外界因素左右，能夠長久持續相關行為，所以在商場上也相當受到重視。

不過大家特別要留意的，就是對內在動機的表現給予外在獎賞的行為（過度辯證）。**即便原本是相當吸引人的事物，這個作為仍然有可能會造成內在動機消失，削弱當事人的幹勁，這個現象就稱為「削弱效應」（undermining effect）。**

萊普（Mark Lepper）與研究團隊便針對削弱效應進行了實驗。在這場實驗中，會將一群喜愛畫圖的孩子分成A到C共3組，告訴A組「只要畫得好就能獲得獎狀」，並實際頒發獎狀給畫圖的孩子；對於B組則是沒有告知任何訊息，直接在孩子畫完之後頒發獎狀；而C組不僅沒有告知任何事，也沒有頒發獎狀。接著過了一星期之後，再計算孩子們在自由時間裡主動畫圖的時間，並比較各組的時間長短。最後發現A組畫圖的時間變得比別組少了許多，由此得知外在獎賞會削弱喜愛畫圖的內在動機。

關鍵字 **削弱效應**

內在動機與外在動機的案例

動動身體真
開心♪

內在動機

心裡覺得「運動好舒服」，因為好奇心或是認為行為本身很有趣而行動

只要贏得大賽
就能獲得獎金！

外在動機

例如「為了優勝獎金而練習」，會為了獲得獎賞或是迴避懲罰而行動

獎賞引發削弱效應的實驗

將喜愛畫圖的孩子分成A到C共3組，分別以畫完圖後可以獲得獎賞，以及不會有獎賞作為條件進行實驗，接著再比較孩子們在自由時間裡主動畫圖的時間長短，觀察獎賞的存在是否會削弱內在動機。

我喜歡畫圖♪

A組

告訴大家「只要畫得好，就能拿到獎狀」，並頒發獎狀給畫圖的孩子

B組

沒有告知任何訊息，直接頒發獎狀給畫圖的孩子

C組

沒有告知任何事，也不會頒發獎狀

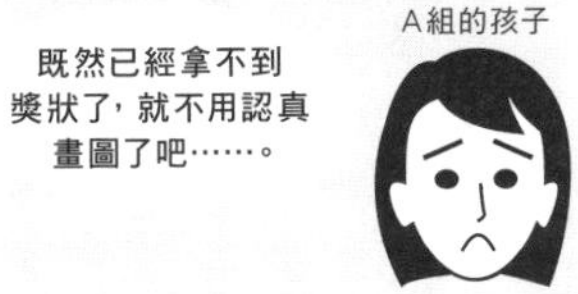
A組的孩子
既然已經拿不到
獎狀了，就不用認真
畫圖了吧……。

實驗結果

A組孩子在知道獎賞的存在後，主動畫圖的時間大幅減少，由此可知孩子們因為不會得到獎狀（獎賞），就開始變得不再畫圖了。

「喜愛畫圖」的內在動機轉變為獲得獎狀的外在動機。

像A組孩子那樣受到獎懲的影響，讓人失去原有的好奇心和興趣，抹煞了幹勁的現象就稱為「削弱效應」。

毫無根據的預言 為何會成真呢？

人們相信預言後的舉動會使預言成真

關鍵字 自我應驗預言、畢馬龍效應

當我們聽到「讓預言成真」這句話，通常都會覺得這是相當困難的事，但其實只要知道其中的運作方式，就會發現在我們生活周遭經常發生這種事。首先就來一起看看預言成真的過程吧。

有名男子想要擊垮某家餐廳，便到處流傳有關那家餐廳的不實消息（例如：「聽說稅務局最近要去調查那家店」），聽到流言的人就會盡量避免前往該店，最後導致餐廳經營不善而倒閉，於是「那家餐廳好像快倒了」的預言便成真了。像這樣**因為有人相信不實消息，導致預言或期望成為事實的現象就稱為「自我應驗預言」（self fulfilling prophecy）。**

羅森索（Robert Rosenth）與研究團隊便利用這樣的預言與期望，實施了一場教育實驗。在這場實驗中，讓某小學1年級至6年級的學生接受智力（IQ）測驗，之後以無關測驗結果的隨機方式選出幾位學生，告訴老師：「這些學生的智力特別高，今後的成績會大有成長。」過了半年，當研究人員再度實施智力測驗後，發現當初曾提過智力會大有成長的學生真的都進步了。

觀察授課景象來解析其中過程，可得知老師在課堂上會格外關心那群學生，以積極的態度指導他們。因為「學生會成長」的期望在教育現場上帶來了莫大影響，於是學生接受細心的指導，成績有所進步，沒有辜負老師的期望。**像這樣備受他人期待之後，會努力不負眾望的現象就稱為「畢馬龍效應」（Pygmalion effect）。**

自我應驗預言的過程

①發表錯誤的預言或期望

那家店一定
做了什麼壞事，
倒了最好。
聽說稅務局
最近要去調查
那家店。

抱持著「希望店家倒店」的期望，或是提出「那家店做了壞事，以後一定會倒」的預言，發表毫無根據的言論。

②他人對錯誤的預言或期望產生反應

盡量別光顧
那家店好了……

人們囫圇吞棗地聽信流言，逐漸變得不再光顧店家。

③預言成真，店家倒閉

為什麼沒有
客人上門呢?!

正當經營的店家因為流言蜚語而倒店。①的預言和期望成為事實，形成了「自我應驗預言」。

畢馬龍效應實驗

羅森索（Robert Rosenth）與研究團隊讓學生接受智力（IQ）測驗，並以無關測驗結果的隨機方式選出幾位學生，告訴老師「這些學生的智力特別高，今後的成績會大有進步」。過了半年後，研究人員再度實施智力測驗，比較當初曾告訴老師會提升成績的學生與其他學生的 IQ 值。

原來這些孩子將來的成績會
大有成長，真令人期待啊。

當老師聽到這些孩子有朝一日的成績會大大成長後，心裡對他們的期望會遠高於其他學生，接受指導的學生也會努力不要辜負老師的期望。

●1 年級至 6 年級學生的 IQ 值上升圖表

（摘自 Rosenth & Jacobson, 1968）

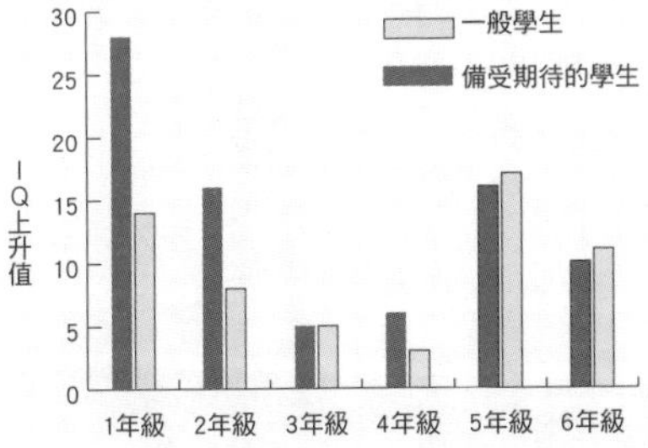

備受老師期待之後，學生的IQ值便實際上升了。另外也得知低年級的學生會比較容易受到畢馬龍效應的影響。

如同實驗中的老師與學生，備受期待的人會努力不負眾望的現象就稱為「畢馬龍效應」。

人會在無意之中產生歧視？

逐漸強烈的偏見會演變成歧視

無論現在還是過去，人們都深受種族歧視、性別歧視等大大小小的「歧視」（discrimination）所苦。

那麼，為什麼會有歧視呢？其實**這與一種名叫「非預期結果」（unintended consequences）的現象息息相關。所謂的非預期結果，是指個人行為經過層層累積，最後形成意外效果的現象。**若以現代社會來比喻，就好像我們原本只是為了討生活在工作，最後卻自然而然地為整個社會帶來利益。**即使心裡沒有「提高社會整體利益」的意識，我們的行動經過一連串的歷程之後，最終仍會得到這樣的結果。**

人們也不是打從一開始就想著要「歧視對方」。第一次世界大戰後的種族歧視政策，就是出自於工會認為「南部黑人不會配合罷工」的偏見而起。工會為了保護自身利益而排擠黑人，黑人則因此無法從事正當工作，只能任職於因為罷工導致勞力短缺的地方，在不得已的情況下成為罷工破壞者。到了最後，工會便開始「視黑人為破壞罷工的人種」，出現歧視黑人的行為。

在職場上，女性也經常因為偏見被看不起。企業為了尋求能夠長期工作的員工，便調查了公司內部一直以來的離職率，得知女性員工離職率較高的事實。於是為了優先考量企業利益，招募女性員工的工作職缺通常都不是綜合職[1]，而是集中在一般職[2]，進而形成藐視女性的現象。以這個例子來看，就是因為離職率的資料引發了「女性容易離職」的偏見，才使得招募女性員工的工作職缺受到限制。偏見就會像這樣在一連串的歷程中變得強烈，最後導致歧視（藐視）的結果。

關鍵字 非預期結果

1 譯註：日本的職稱類型，工作能力要求較高，內容較有挑戰性及發展性。
2 譯註：多負責一般庶務或內勤文書的工作，難易度偏低，薪水普遍比綜合職低。

非預期結果的範例

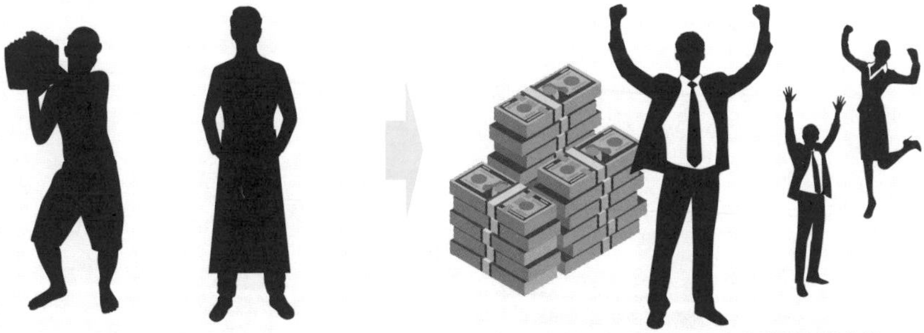

為了討生活，
人們會製造並販賣商品

追求個人利益的行為經過累積之後，
也為整個社會帶來了益處

原本每個人只是為了自己的生活在工作，最後卻增加了整個社會的財富。最終結果會像這樣出乎行為者意料的現象，就稱為「非預期結果」。

為什麼會發生始料未及的歧視？

●第一次世界大戰後的黑人種族歧視政策

工會產生「南部農業地區的黑人不會配合罷工」的偏見

↓

黑人受到工會排擠

↓

黑人無法透過工會獲得正當工作，只好前往因為罷工導致勞力短缺的地方，以非正當的手段受僱，在不得已之下成為罷工破壞者

↓

工會便認為「黑人果然不會配合罷工，絕對不能讓黑人加入工會！」，開始有歧視黑人的舉動

工會認為黑人「不會配合罷工」的偏見一路變得強烈，最後演變成種族歧視。

●看不起職場上的女性

公司希望僱用能夠長期工作，不會半途離職的員工

↓

只憑面試和書面審查無法判斷求職者會不會半途離職，便調查了公司過去的離職率

↓

發現女性離職的比例比男性高

↓

為了優先考量企業利益，招募女性員工的職缺通常不是綜合職，而是集中在一般職

即使人事負責人員對女性沒有特別偏見，最後還是造成了藐視女性的結果。

人一旦有了偏見，就會在一連串的歷程之下逐漸強烈，最後演變為歧視。不僅如此，就算自己沒有偏見或歧視的意識，有時候為了追求利益，仍然會在無意之中產生藐視他人的歧視行為。

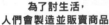

什麼才是真正優秀的領導者？

關鍵字 **領導特質、PM理論**

優秀的領導者會激勵團體產生變革，致力達成目標

人在率領團體組職時，會有好幾種類型的領導風格。雖然同樣都是統率眾人的角色，但是不同的領導風格會為團體組織帶來天差地別的影響。在成為上位者之前，我們不妨可以了解一下各種領導風格，確認自己是屬於哪一種類型。

第一種是「交易型領導者」（transactional leadership），**會關心團隊內部的人際關係，讓大家團結一心，共同致力達成目標。**依據心理學家三隅二不二提出的「PM理論」來看，領導風格被細分為同時具備績效達成能力與統率能力的「PM型」、績效達成能力突出的「Pm型」、統率能力突出的「pM型」，還有同時缺乏績效達成能力和統率能力的「pm型」。交易型領導者就被認為是同時擁有達成績效的能力以及統率團體的能力，屬於PM型的領導風格。

第二種是「轉換型領導者」（transformational leadership），**會精準預測未來的變化風向，鼓舞成員學習成長，並同時提出長期願景，以便在瞬息萬變的社會採取應變措施。**接著再提出致力達成目標的流程，並由自己率先帶頭實行，激勵團體組織促成改革。這種領導風格不只利於個人，也能促使整個團體習得改革自我的能力，因此現在相當受到矚目。

第三種則是「全方位型領導者」（full-range leadership），**具有雙重特色，同時融合了交易型領導者與轉換型領導者的能力，**是由艾沃立歐（Bruce Avolio）提出的領導風格。

3大領導風格

交易型領導者(transactional leadership)

對待夥伴
和善又貼心

重視團隊內部的人際關係，並同時讓大家團結一心，致力於共同目標的領導風格

●交易型領導者屬於 PM 型
（摘自 Misumi, 1977, Sato & Hattori, 1993）

高 ↑ P軸（達成工作績效的能力） 低

Pm型 雖然具備達成績效的能力，卻缺乏統率團體的能力	**PM型** 同時具備達成績效的能力與統率團體的能力
pm型 同時缺乏達成績效的能力與統率團體的能力	**pM型** 雖然具備統率團體的能力，卻缺乏達成績效的能力

M軸（維持團隊和諧的能力） → 高

為了達成目標，
會時而嚴厲、
時而溫柔！

轉換型領導者(transformational leadership)

激勵團隊成員有所改變，提出長期願景。發表致力達成目標的流程，由自己率先實行來改革組織的領導風格

全方位型領導者(full-range leadership)

同時具備注重人際關係和目標的交易型領導者風格，以及懂得預測現在與未來的變化，讓團體改革自我以便臨機應變的變革型領導風格

在領導者的風格類型中，存在著團結一心達成目標的「交易型」、激勵團隊改革自我並改變組織的「轉換型」，還有融合交易型與轉換型的「全方位型」三大類型。其中交易型的領導風格符合「PM理論」中的PM型。

第一印象決定一切?

第一印象對商務人士而言相當重要。

在第一次見面的時候，對方會在當下判斷這個人「看起來很能幹」或是「看起來不會做事」，這些印象很有可能會對自己的個人評價造成巨大影響。

因為當人一旦有了「對方一定是這種人」的期望後，便會不知不覺地只注意符合期望的資訊。

換句話說，如果一開始就留下「看起來很能幹」的印象，聯絡勤快或是懂得察言觀色等正面形象就會特別受到關注，容易獲得「這個人果然很能幹」的評價；反之，如果給人「看起來不會做事」的印象，不守時或是字跡潦草等缺點便顯得更加醒目，容易得到「這個人真是派不上用場」的評價。

談戀愛也是同樣的道理，你覺得有些女生看起來高傲又任性，但是在迷上對方的人眼中則是率性又能堅持信念。這是因為對於一個人的相關情報，我們通常只會吸收符合個人期望的資訊。由於這是毫無自覺之下的選擇，所以每個人都會相信自己的認知才是最正確的。

第4章

個人與個人知覺(person perception)的心理學

人容易以為自己具有普遍認知

以為只要條件相同，別人也會做出與自己相同的舉動

人會自然而然地以為「自己的意見最為普遍且適當」，即使知道該意見有錯，仍會覺得「自己的判斷是正確的，就算換成其他人，大家一定也會做出相同判斷」，想辦法合理化自己的看法和推斷。像這種**以為自己的意見和行為是普遍共識的現象，就稱為「錯誤的共識性效果」（false consensus effect）。**

關於錯誤的共識性效果，一般認為是在多重因素的影響下產生，像是**與自己具有相似價值觀和經驗的人合作，還有重視自身選擇並試圖獲得相應共識的心理現象；覺得自己的行為是受到他人影響，所以別人在同樣情況下也會有相同舉動的意識；認定自己是具有價值的人物，並相信自己的判斷不會有錯等等思維。**

關鍵字　錯誤的共識性效果、三明治人實驗

羅斯（Lee Ross）與研究團隊認為人在實際做選擇時，同樣也會產生錯誤的共識性效果，便在某所大學進行了**「三明治人實驗」**。研究人員委託學生「在身體前後掛上廣告看板，在校園內四處走動做宣傳」，請大家回答自己願意或拒絕接下這份工作。除此之外，也請大家回答了如果委託其他學生做相同工作，你覺得對方是否會點頭答應的問題。從實驗的結果來看，大部分願意接下這份委託的學生都覺得其他人也會答應，選擇拒絕的多數學生則是覺得其他人也會拒絕。這個結果證明了不只是喜好或想法等個人思維，我們實際在做選擇時也會產生「錯誤的共識性效果」的現象。

關於錯誤的共識性效果

我愛吃烏龍麵勝於蕎麥麵。
我覺得其他人一定也跟我一樣
比較愛吃烏龍麵！

「錯誤的共識性效果」是指人會以為自己的意見與行為是普遍共識，覺得其他人身處在同樣情況時也會採取相同意見和行動的現象。

●為什麼會覺得自己的思維是普遍共識呢？

原因之1

人傾向與持有相同價值觀、興趣或經驗的人合作

原因之2

人相當重視自己的選擇，會試圖獲得相應的共識

原因之3

人傾向認為自己的行為是受到周圍影響，覺得其他人在同樣情況下也會有相同舉動

原因之4

人認定自己是具有價值的人物，為了維護自身價值而傾向相信自己的選擇是正確無誤的

綜合上述原因，便導向了「自己的思維與行為是普遍共識，其他人的想法一定也和我一樣」的結果。

三明治人實驗

研究人員委託大學生在身體前後掛上廣告看板，於校園內四處走動做宣傳。請學生回答自己願意或拒絕接下這份工作後，再請大家回答自己覺得其他學生會答應或是拒絕這份工作。

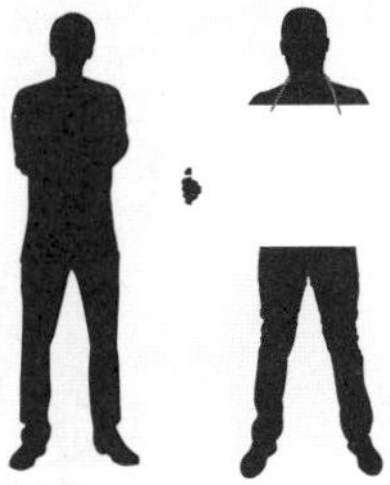

●三明治人實驗的結果（摘自 Ross et al., 1977）

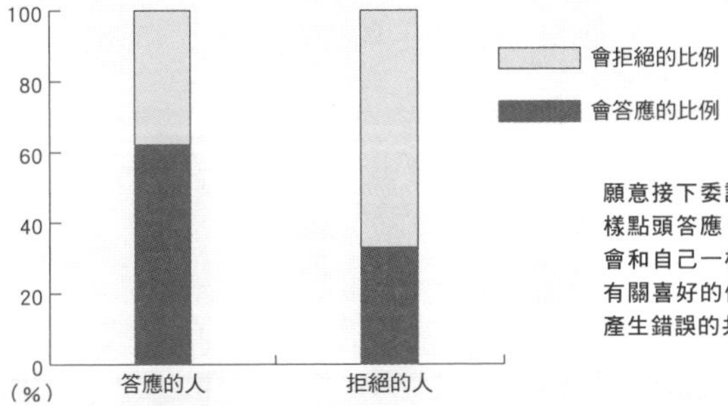

願意接下委託的學生都回答其他人也會和自己一樣點頭答應，拒絕委託的學生則是回答其他人也會和自己一樣選擇拒絕。這個結果證明了不只是有關喜好的個人思維，我們實際在做選擇時也會產生錯誤的共識性效果之現象。

人的判斷不一定合乎邏輯

一旦出現誘餌，人會不小心做出不合邏輯的選擇

原本經濟學都是以「人懂得做出合乎邏輯的判斷」來思考，然而**實際觀察人們的行為之後，可得知其判斷不一定合乎邏輯**。

丹・艾瑞利（Dan Ariely）的**「誘餌效應」（decoy effect）**實驗，就是證明人不一定會合乎邏輯的實驗之一。這場實驗中列舉了幾個雜誌訂閱方案，請一百名大學生從下列條件中選擇自己願意購買的選項。

①電子版一年方案……價格59美元
②實體版一年方案……價格125美元
③電子版＋實體版一年方案……價格125美元

結果選擇①的有16人，選擇②的有0人，選擇③的有84人，可以得知選擇③電子版＋實體版的人壓倒性地多。②實體版與③電子版＋實體版的組合都是同樣價格，所以照理來說不會有人選擇②。當然出版社也很明白這一點，其實②的選項，就是為了吸引人選擇購買③的「誘餌」。

讓同一群學生在沒有②，只有其他兩個方案的條件下回答時，選擇①的學生有68人，選擇③的學生有32人，和有誘餌選項時的結果天差地遠。無論有沒有誘餌，一開始選擇③的人應該依然會選擇③才對，但是為什麼學生們改變了選擇呢？這個原因就在於**人會經過比較再做出判斷**。以這個實驗為例，②的選項凸顯了③的划算感，所以選擇③的人比較多；反之一旦少了②，人就不會覺得③特別划算，選擇③的人就變少了。

關鍵字 **誘餌效應**

丹·艾瑞利的誘餌效應實驗

請 100 名大學生從 3 種雜誌訂閱方案中，選擇 1 種自己願意購買的選項。訂閱方案中的②，是為了讓③看起來很划算的誘餌選項。如果人具備邏輯思考，無論有沒有②的存在，大家應該都會選擇購買同樣的方案，然而誘餌卻為結果帶來了巨大影響。

●請100名大學生
選擇1種自己願意購買的方案

③最划算吧。

條件1 出現②的誘餌選項時

①電子版一年方案……………………… 價格：59美元
（選擇人數➡16人）

②實體版一年方案………………………價格：125美元
（選擇人數➡0人）

③電子版+實體版一年方案………… 價格：125美元
（選擇人數➡84人）

⬇

選擇③的人壓倒性地多

反正內容都一樣，
選便宜的①就夠了吧。

條件2 刪去②的誘餌選項時

①電子版一年方案……………………… 價格：59美元
（選擇人數➡68人）

②電子版+實體版一年方案………… 價格：125美元
（選擇人數➡32人）

⬇

**結果與 條件1 不同，
選擇①的人大增！**

決策的機制

為何？

照順序解決的方法與以最少資訊解決的方法

當人要做出選擇的時候，有時候會花時間確認各種資訊後再決定，有時候則是以有限資訊快速做出抉擇。前者的解決方法稱為**「演算法」（algorithm）**，後者的解決方法則稱為**「捷思法」（heuristic）**。

若以我們的日常情景為例，像是在換新手機的時候，演算法是實際試用多款手機，謹慎地研究手感和價格之後再選擇。這個方法可以讓人確實地找到自己心目中的最佳解答，但最麻煩的就是需要耗費大量時間與勞力。而捷思法則是會以「最熱賣的手機」作為關鍵字，縮小機種範圍來選擇。雖然這個方法不一定能找到自己心目中的最佳解答，但是最大的優勢就是有機會以較少的勞力和時間，快速有效地找到正確答案。除此之外，在捷思法中又存在著「代表性捷思法」（representativeness heuristic）和「可得性捷思法」（availability heuristic）。

代表性捷思法是利用該類別最具代表性，或是典型的特徵來選擇的方法。若以換新手機為例，在「最熱賣」的類別中找到「較多年輕人使用」的代表性特徵，並以這項特徵作為挑選手機的標準。**可得性捷思法是在比較多項事物時，以容易想起的內容作為優先考量的方法。**所以在挑選手機的時候，會想起自己曾在雜誌上看到A手機是熱賣排行榜的冠軍，並以這項資訊作為挑選標準。

關鍵字 **捷思法**

利用兩種方法做決策

解決法① 演算法

花時間找出確切解答的方法。

解決法② 捷思法

在有限資訊中迅速探索解答的方法。

～決策的流程～

想換新手機

實際試用多款手機並比較手感和價格，仔細找出適合自己的機種

逐支地試用手機的功能和手感之後，再從其中找出最適合自己的。但因為手機款式過於豐富，難以取捨，可能一不小心就會耗費不少時間。

以「最熱賣的手機」作為關鍵字迅速選擇

雖然不一定能找到自己心目中的最佳解答，但是有機會在短時間內迅速有效地尋獲正確答案。另外在捷思法中，又存在著「代表性捷思法」和「可得性捷思法」。

●隨機應變的捷思法

代表性捷思法

以該類別中最具代表性或典型的特徵作為標準的方法。

類別 **最熱賣的手機**

類別中具代表性的特徵 **較多年輕人使用的手機**

⇒在「最熱賣」的類別中找到「較多年輕人使用」的解決方法，最後選擇購買A手機。

可得性捷思法

同時比較多項條件時，從較容易想起的內容作為優先考量的方法。

⇒曾經在閱讀雜誌的時候，看到A手機是熱賣排行榜的冠軍，所以在挑選時想起「A是最熱賣的手機」，最後選擇購買它。

做決策的時候有兩種解決方法，分別是花時間找出確切解答的「演算法」，以及利用有限資訊迅速做出選擇，藉此找到正確答案的「捷思法」。另外在捷思法中又有利用代表性特徵的「代表性捷思法」，以及比較多項條件後，以最容易想起的內容作為優先考量的「可得性捷思法」。

他人的行為能歸因於其自身因素？

探討他人的行為原因時，容易傾向歸因於當事人的內在因素

關鍵字

內在歸因、外在歸因、基本歸因謬誤

看到犯罪新聞的時候，人會忍不住去推測犯罪的行為原因。這段**推測的過程就稱為「歸因歷程」（attribution process），推測原因的舉動則稱為「因果歸因」（causal attribution）**。在因果歸因中又有**「內在歸因」（internal attribution）與「外在歸因」（external attribution）**，分別為不同的思考方向。

內在歸因是推測該行為出自於本人（加害者）的內在性格，例如「犯人是個暴力的人」等等；外在歸因則是推測該行為是出自於其他人（被害者）或環境的因素，例如「會不會是對方做了什麼事？」等等。

此外，**在思考他人的行為原因時，人通常傾向低估外在因素，著重在內在因素上，所以會比較容易認為「原因出在犯人身上」。這種偏頗的思考就稱為「基本歸因謬誤」（fundamental attribution error）。**

瓊斯（Edward Jones）和哈里斯（Victor Harris）進行了一場短文實驗，來驗證人們是否真的比較重視內在因素。研究人員將一群學生分成2組，請大家寫出自己是否支持卡斯楚政權的短文來做測試。A組可以自行決定是否要支持卡斯楚政權，B組則是聽從研究人員的指示撰寫內容。在這之後，研究人員請實驗受試者閱讀這些學生寫的短文，請大家推測作者的真實心聲。此時，研究人員會向其中一半的受試者表示「作者是以個人意志在撰寫內容」，對另一半的受試者則表示「作者是聽從研究人員的指示來寫出支持或不支持的內容」。最後從實驗結果可以得知，無論撰寫短文的學生是否能自由表達個人意志，多數受試者都認為在短文中寫下支持內容的作者是卡斯楚政權支持者，產生了基本歸因謬誤的現象。

關於推測他人行為的舉動

為什麼這個人
會犯下這種罪呢？

●因果歸因

探討人會做出該行為的原因。

●內在歸因

將行為歸因於本人（加害者）的性格等內在因素。

因為這個犯人
比較具有
暴力性格嗎？

●外在歸因

將行為歸因於其他人（被害者）或環境等外在因素。

因為對方
的態度很差嗎？

基本歸因謬誤

事實上，我們在推論他人的行為時，
歸因於內在因素的傾向高於外在因素。
所以會比較容易認為「原因出在犯罪者本人身上」。

對於他人的行為，人會思考為什麼這個人會做出這樣的事。探討原因的舉動稱為「因果歸因」，其中又存在著歸因於本人性格等內在因素的內在歸因，還有歸因於本人以外的其他人或環境因素的「外在歸因」。除此之外，當人在探討因果歸因的時候，歸因於內在因素的傾向會高於外在歸因，這個現象就稱為「基本歸因謬誤」。

有關卡斯楚政權的短文實驗

A組作者

作者可以自行決定是否支持卡斯楚政權（自由選擇條件）

B組作者

作者會聽從老師事前的指示，寫出支持或不支持卡斯楚政權的內容
（指定條件）

實驗受試者

向其中一半受試者表示「作者是以個人意志在撰寫內容」，對另一半受試者則表示「作者是依照指示寫出支持或不支持政權的內容」，請受試者推測作者的真實心聲。

●推測作者是否支持卡斯楚政權的圖表
（摘自 Jones & Harris, 1967）

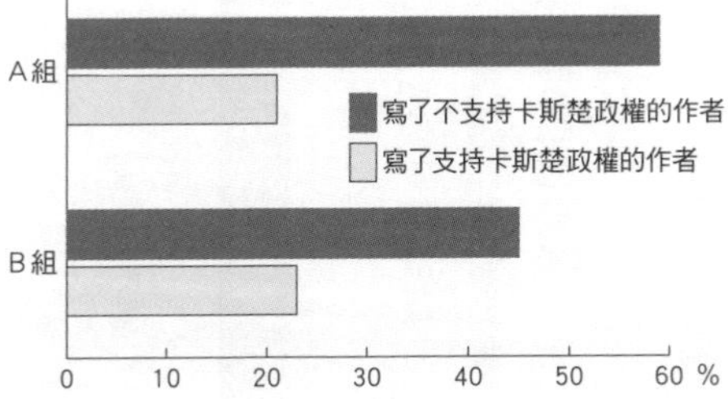

無論作者是在自由選擇或指定的條件下撰寫短文，多數受試者都推測寫下支持內容的作者就是卡斯楚政權支持者。

比起聽從老師指示撰寫短文的外在因素，受試者更傾向重視作者真的支持卡斯楚政權的內在因素，因此發生基本歸因謬誤的現象。

為什麼會產生偏頗的揣測？

人會根據過去的經驗與行為因素進行推測，因而導致偏頗的揣測

關鍵字 自利偏誤、因果基模、折扣原則、擴大原則

在探討他人的行為因素時，人會受到基本歸因謬誤（P．92）的影響，較容易傾向歸因於內在因素。但如果改而探討自己的行為因素，我們這時候又會變得如何呢？凱利（Harold Kelley）表示人會把自己的成功歸因於內在因素，把失敗歸因於外在因素。比方來說，當我們挑戰下廚並成功的時候，會認為這是自己廚藝好的緣故；若是失敗則會牽拖為「是周圍太吵了」，推卸給自己之外的存在。**這種自我感覺良好的思維就稱為「自利偏誤」（self serving bias）。**習慣寬以待己、嚴以律人的人，就是擁有強烈的自利偏誤。

此外，凱利也說明了人會產生偏頗揣測的原因。首先是**「因果基模」（causal schema，因果關係的知識）**，這是在推測他人的行為時，**即使當下缺乏有關行為者的內在層面或行為情境的資訊，我們仍會擅自借助自己的知識和經驗來探討原因的現象。**第二個是**「折扣原則」（discounting principle）**，假如我們發覺他人的行為會衍生某些利益時，**會傾向將該利益視為行為因素，變得不會考量行為者的內在層面（個性溫柔等等）。**第三個則是**「擴大原則」（augmentation principle）**，當我們發覺他人的行為**會對行為者本人造成損失時，容易傾向歸因於對方的內在層面。**在折扣原則和擴大原則的影響下，即便是同一種狀況，大家推測的答案也會因人而異。就算解讀是正確的，那仍然是在有限資訊下得到的偏頗揣測。

關於自利偏誤

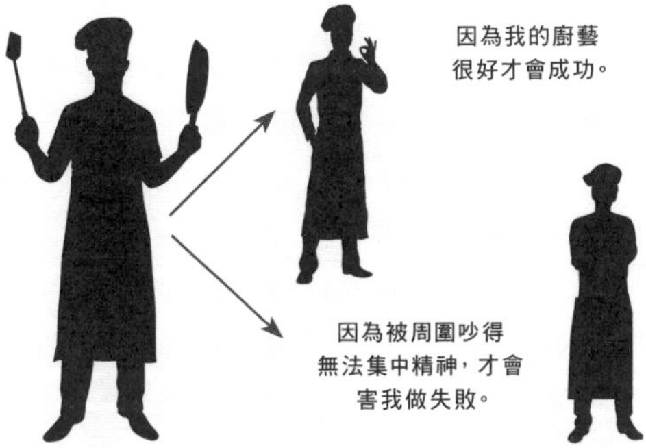

因為我的廚藝
很好才會成功。
因為被周圍吵得
無法集中精神，才會
害我做失敗。

●做出美味料理時

當自己的行為有了成功結果時，人會把成功歸因於內在因素。就這個例子來看，就是把成功歸因於自己廚藝好（內在因素）。

●做出失敗料理時

當自己的行為出現失敗結果時，人會把失敗歸因於外在因素。在這個例子的情況下，就是把失敗歸因於周圍太吵（外在因素）。

人傾向把個人的成功歸因於自己的內在層面，失敗則歸因於外界因素。這種自我感覺良好的思維就稱為「自利偏誤」。

為什麼人會有偏頗的揣測呢？

偏頗揣測的因素①

利用因果基模（因果關係的知識）補足資訊

即使缺乏有關對方的內在層面或行為情境的資訊，我們依然會借助自己培養的知識和經驗的力量，利用因果基模來探討原因。

只是在公園裡玩
就罵人，那個人真是
沒耐性。

不會思考小孩子大聲喧鬧的時段，便自行揣測怒罵＝沒耐性。

偏頗揣測的因素②

折扣原則

認為他人的行為歸因於行為者本人的利益時，會傾向低估對方的內在層面。

是不是希望
我請他吃飯，
才來幫我做事的？

會率先冒出利用助人行為獲得等價報酬的想法，不會考量對方的內在層面。

偏頗揣測的因素③

擴大原則

認為他人的行為會對行為者本人造成損失時，會傾向考量對方的內在層面。

他明明這麼忙
卻來幫我，心地真是
善良啊。

在忙碌之餘幫忙處理工作的行為對當事者不利，所以推測「這個人的心地真好」。

在推測他人的行為時，當缺少有關對方的性格或周邊狀況等資訊時，我們便會以自身的經驗和知識來推測相關因素。自己持有的知識和經驗就稱為「因果基模」（因果關係的知識）。而我們推測時的思考，會根據行為者本人是否具有衍生利益的行為因素而改變。認為對方會獲得利益時，會產生比較傾向內在層面的「折扣原則」；認為對方會有所損失時，則會產生比較傾向內在層面的「擴大原則」。

大家為什麼愛看高中棒球賽呢？

關鍵字 **社會認同**

加入特定團體 能夠肯定自己的存在

生活在這個現代社會，人會發現彼此的各種共通點，打造出同伴意識。像是「愛聊天」、「樂觀進取」等等，這些出自於內在特質的自我認知就稱為「個人認同」（personal identity），是創造自我的重要元素之一。

另外，我們在做自我介紹的時候，常常會提到「我畢業於○○高中」、「我任職於××公司的業務部」，對吧？像這樣把自己歸類在特定團體或社會類別的自我認知，就稱為「社會認同」（social identity）。

社會認同也涵蓋了男女性別或國籍等身分，當該團體獲得正面評價時，身為其中一員的自己便能讓自尊心得到滿足。

或許是這個因素所致，希望自己身為該團體一員的事實，能獲得正面評價的期待就包含於社會認同之內。每個人都希望自己所屬的團體能夠得到比較好的評價，所以在看高中棒球賽的時候，就會忍不住熱烈聲援自己家鄉的學校或高中母校。

那麼，當自己所屬的團體沒有獲得期望評價時，又會產生什麼現象呢？一般在這個當下，我們的行動可能是**轉移至其他團體的「社會流動」（social mobility）**，或者是挺身**讓該團體變得高人一等的「社會變遷」（social change）**。

如果這些作為都失敗，我們可能會心想「還有更惡劣的團體在」，**內心冒出比上不足，比下有餘的「社會性『創造力』」**。

什麼是自己所屬的「團體」？

把自己歸類在特定團體或社會類別的行為，就是社會認同的形成基礎。這段過程就稱為自我分類（self-categorization）。

由於自己所屬的社會類別又分成好幾個階級結構，所以在不同狀況下，會偏向對個人認同或是對社會認同產生較強烈的認知。

社會認同是把自己歸類在特定團體或社會類別的自我認知，性別、國籍、公司、出身地等元素都涵蓋其中。

如果無法在所屬團體中獲得滿足呢？

●轉移至其他團體（社會流動）

我要努力用功，
考進名校！

●縮短與其他團體之間的差異（社會變遷）

我要繼續努力，
以後一定要拿到
冠軍！

●改變認知，和其他更糟的團體做比較。（社會性『創造力』的反應）

還有其他更惡劣
的公司在。

當自己所屬的團體無法獲得符合期望的結果時，我們可能會轉移至其他團體，或是努力縮短與其他團體之間的差異，抑或是改變自己的認知。

為什麼會有刻板印象與偏見？

人會不知不覺地產生刻板印象

所謂的刻板印象（stereotype），是對於特定團體出現過度單一化的制式概念。像是「A型都很守規矩」、「沖繩人都很活潑」等等，這些都是刻板印象的例子之一。

當人站在自己所屬的內團體角度時，便傾向把這種概念套用在外團體的人身上。即便自己只知道其中只有一人符合，仍然會把該印象當作整個團體的共同特徵。

這種刻板化的現象經常會在不知不覺中形成，尤其是一旦有了負面印象，距離偏見與歧視也就不遠了。

那我們應該要怎麼做，才能跳脫刻板印象呢？

首先，**就是多去發掘對方所屬的社會類別**。有時候換個角度，就能清楚看見原本從單一觀點看不到的部分。所以只要集中注意力，試著在對方身上找出不同的社會類別即可。

另外一點就是**更加認識對方**，只要實際接觸對方之後，一定會讓你覺得「原來是這樣啊！」，或是「和我想的不一樣」。像這樣改變被刻板印象束縛的觀點，就有辦法建立更理想的關係。

一般認為人無法完全消除刻板印象，但光是認知到自己內心會有這種單一化傾向，多少還是能讓這個社會變得有所不同。

關鍵字 刻板印象

常見的刻板印象案例

不同團體
立場的視角

知名大學畢業

正面的刻板印象
- 腦袋聰明、有邏輯、學識淵博

負面的刻板印象
- 不知變通、愛講大道理
- 冷漠

明星藝人

正面的刻板印象
- 才華洋溢、善於交際
- 個性開朗

負面的刻板印象
- 看起來不正經
- 事業起伏激烈
- 生活態度隨便

刻板印象是對於非自己所屬的團體（外團體），產生過度單一的制式概念。在刻板印象中又包含了正面與負面的印象。

該如何避免產生刻板印象？

● 發掘對方所屬的其他社會類別

當醫生的人
感覺很吹毛
求疵……。
他的興趣
是衝浪，似乎
很有趣！

● 嘗試與對方實際接觸

好像很難
相處……。
聊過天
之後才發現
她很和善！

若要改變刻板印象的認知，必須懂得發掘對方所屬的其他社會類別，並嘗試與對方實際接觸看看，如此一來，我們就有辦法看到對方的另一面。

追隨流行的人與特立獨行的人

獨特性與從眾性的對立

食物、時尚和音樂等等在社會上隨處可見其「流行」。所謂的流行，到底是什麼東西呢？

首先會被提及的一點，就是在有限範圍的對象之間廣為流傳的事物。會在固定年齡層、固定地區引發流行，但是一點也不會吸引該範圍以外的人。再來，會在一段期間內默默銷聲匿跡也是其中的特徵之一。簡單來說就是被稱為「熱潮」(boom)、大部分會維持數個月至一年左右的事物。除此之外，**會受到刻意帶動也是一項重要特徵**，尤其在現代，透過媒體和網路等媒介，就可以製造出形形色色的流行風潮。

那麼，追隨流行的人與特立獨行的人又有什麼差異呢？

關鍵字 **獨特性與從眾性**

在對流行敏感的人、還有愛與流行唱反調的人身上，其實有一項共同特徵，這個特徵就是「獨特性」(uniqueness)。雙方都是以「想和身邊大部分的人不一樣」的意識在行動，彼此只是分別走向「領先流行」和「完全不在乎流行」的方向。此外，**流行到某個程度之後才跟風的人，就是比較注重「從眾性」(conformity)的人了。**因為「想和周圍的人穿得一樣」，便開始主動追隨流行。

「獨特性」與「從眾性」就像上述那樣相互對立，大家對於流行的反應會因人而異。有人會是搶先走在流行尖端的「先驅者」，同時也會有一部分「落伍」的人在流行退燒時才跟風。

「流行」是什麼呢？

1 有限的對象範圍

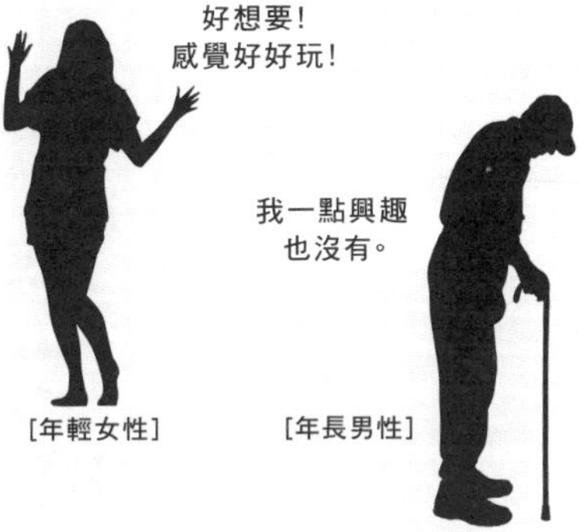

2 僅出現在固定期間

3 受到刻意製造

●對流行敏感的人、與流行唱反調的人

有強烈的獨特性需求

●流行的擴散方式

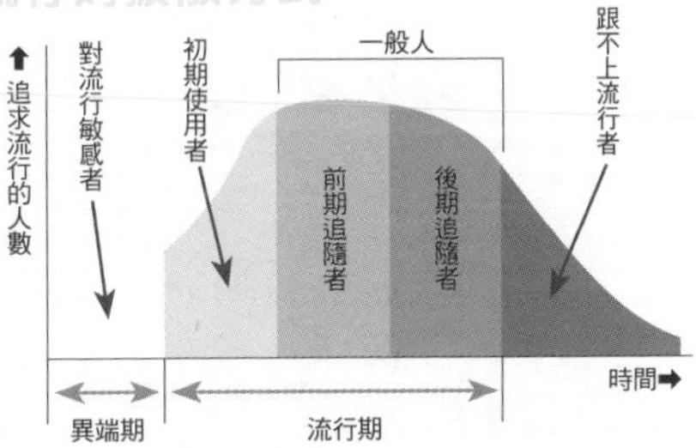

●追隨流行的人

有強烈的從眾性需求

所謂的流行，是從心理上誘使部分的人在固定期間做出相同行為。其中也包含了追求特立獨行的獨特性以及想和大家一樣的從眾性，這兩種情緒類型。

保持平衡才能固守良好關係

我與你，還有喜好之間的關係

關鍵字 **平衡理論**

平衡理論（balance theory）是由美國心理學家弗里茨・海德（Fritz Heider）提出的概念。

假設你現在有一個喜歡的對象，而你是個愛狗人士，對方卻討厭狗，這個時候，**你就會產生一股「對方不願意和自己喜歡相同事物」的心理壓力，這個狀態就能以平衡理論來解釋。**

自己（P）對他人（O）抱持的態度（PO），會受到自己與特定對象（X）的相處方式（PX），以及他人與該對象的關係（OX）影響。P與X的相處方式分別以「正」代表「喜歡」，「負」代表「討厭」，總共會出現八種模式。將所有記號相乘之後，若得到正的結果就表示關係平衡，得到負的結果則表示關係失衡。

以剛才的例子來看，把自己愛狗的「正」和他人討厭狗的「負」，以及自己喜歡他人的「正」相乘之後，最後會得到「負」的結果。換句話說，**因為彼此的關係失衡，人便會產生心理壓力。**

在陷入這種失衡關係的情況下，我們該如何應對呢？

這時候有三種方法可以選擇。首先，第一種是**改變自己對待特定對象的態度**；再來，第二種是請**他人改變對待特定對象的態度**；最後的第三種就是**解除與他人之間的關係**。大家可以把這個理論記在腦中，思考一下自己與他人之間的關係。

平衡理論

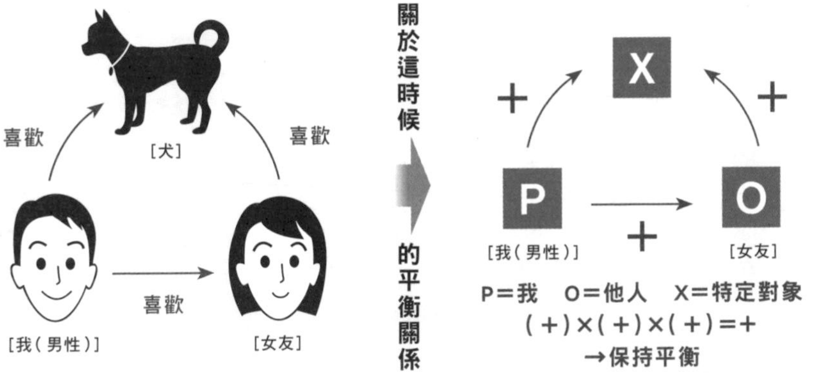

在平衡理論中，平衡是取決於我們對待自己、對待他人、還有對待特定對象的態度而定。以上圖為例，自己喜歡狗，女友也喜歡狗，再加上自己喜歡女友，於是所有情感都顯示為正。將每段關係之間的符號相乘之後，最後如果得到正的結果就代表關係平衡，得到負的結果就代表關係失衡的狀態。

該如何化解失衡狀態呢?

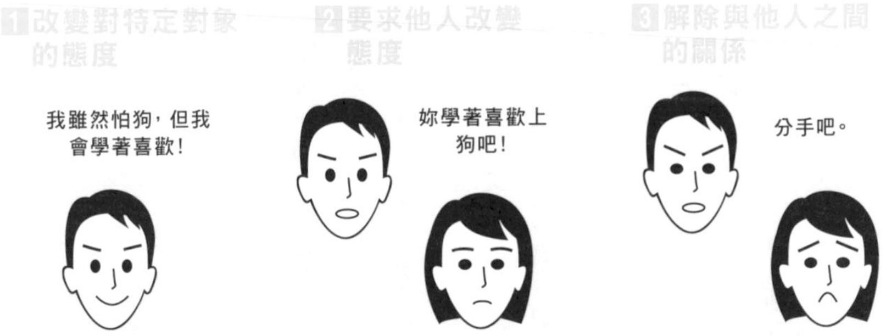

當自己與他人以及特定對象之間的關係出現失衡時，人便會感受到心理壓力。有三種方法可以化解這個壓力，分別是改變自己對特定對象的態度、要求他人改變態度、解除與他人之間的關係。人必須採取行動來應對，才能化解這個心理壓力。

人是如何被說服的呢？

說服他人的技巧

關鍵字 **訊息、心理抗拒**

所謂的說服，是在試圖改變與自己相異的他人觀點或態度。關於這個作為，主要會經由四段過程而成立。首先，傳播者要吸引接收者對說服訊息產生「關注」。接著是讓接收者「理解」傳播者的訊息內容，在這個時候，如果接收者覺得其中的資訊深具價值，就能推進到下一階段的「接納」。到了這個階段，就表示接收者接受了傳播者的訊息，最後只要接收者「記住」說服內容，整段過程就完成了。

若要成功說服他人，傳播者的可信度也是個重要元素，如果身分是大學教授之類的專業人士，或是身邊值得信賴的人物，可信度肯定會大幅提升，讓人更容易接受說服吧。

除此之外，假如接收者相當缺乏專業知識，**只顯示正面觀點的「單面訊息」（one-sided message）就能發揮極大效果；反之，若接收者已經具備某種程度的知識，同時顯示負面觀點的「雙面訊息」（two-sided message）會比較有效**。後者是故意加入負面觀點，使資訊顯得公正客觀。

當然傳播者的態度也很重要，傳播者必須讓人明白說服的意圖，向接收者說明其中有什麼樣的優勢。

在說服他人時必須注意的一點，就是**心理抗拒（psychological reactance）**，這是當接收者覺得說服內容對自己的自由造成強烈威脅時，會刻意反其道而行的行為，藉此試圖恢復自身自由的心理歷程。

被說服的過程

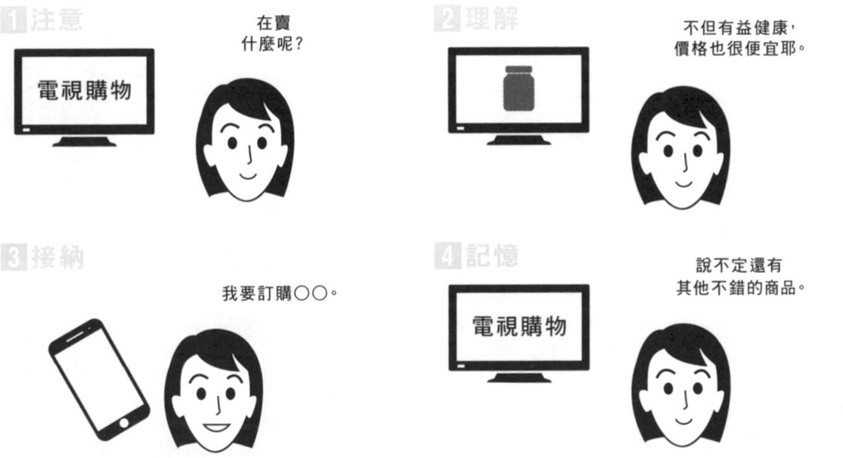
1 注意
電視購物
在賣
什麼呢？
2 理解
不但有益健康，
價格也很便宜耶。
3 接納
我要訂購○○。
4 記憶
電視購物
說不定還有
其他不錯的商品。

人在被說服的時候會經歷四個階段。首先是注意力被引發，理解說服訊息的內容。接著做出接受該訊息的舉動，並記住其中的訊息。

被說服的條件

●對方的可信度
既然是醫生說的，
應該就是對的。
●接收者的知識量
如果不說明相關
風險，會讓人不敢
相信他……。
●心理抗拒
喝酒對
身體不好。
這是
我的自由！

一般願意被說服的時候，條件通常會是覺得對方提出的內容具有可信度，以及對方會配合自己的知識程度來說明。此外，當接收者覺得自己的自由受到剝奪時，會刻意採取與說服內容相反的行為來恢復自由，這個現象就稱為心理抗拒。

體驗刺激的同時，對方看起來會更有魅力

容易喜歡上人的情境

在社會心理學的實驗中，**吊橋實驗**是其中最著名的實驗之一。

首先讓一群18歲至35歲的男性受試者，在某條河的吊橋或木橋上接受男性及女性研究人員訪問。研究人員會遞出自己的電話號碼並向受試者表示：「如果你對研究細節有興趣，歡迎隨時連絡我。」這個實驗是要調查受試者是否會收下電話號碼，之後又是否會實際打電話聯絡。

實驗的結果十分有意思，無論是在哪一座橋上，收下電話號碼的人數都差不多，然而**實際打電話聯絡的人數，則是在吊橋接受訪問的比例特別高**。順便一提，這個實驗結果僅限於受試者是接受女性研究人員訪問的條件，若換成男性研究人員，其中並不會有多大的差別。換句話說，我們從結果可以得知，待在像吊橋這種危險的場所時，會忍不住讓人對現場遇到的異性抱有好感。

接著要以**情緒二因論（two-factor theory of emotion）來進行說明**。人因為某些因素發生心跳加快等生理反應時，便會在當下的情境中尋找原因。當人站在吊橋上，心臟因為恐懼加速跳動時，我們會無意識地思考原因所在，才會忍不住誤以為自己是不是對眼前的女子抱有好感。

此外，一般也**認為人在感到不安的時候，想和他人待在一起的親和需求（affiliation need）便會增加**。由此可知，如果想要和異性培養感情，兩人一起去鬼屋或是搭乘刺激性的遊樂設施，都會是效果十足的手段。

關鍵字 吊橋實驗、情緒二因論

吊橋實驗

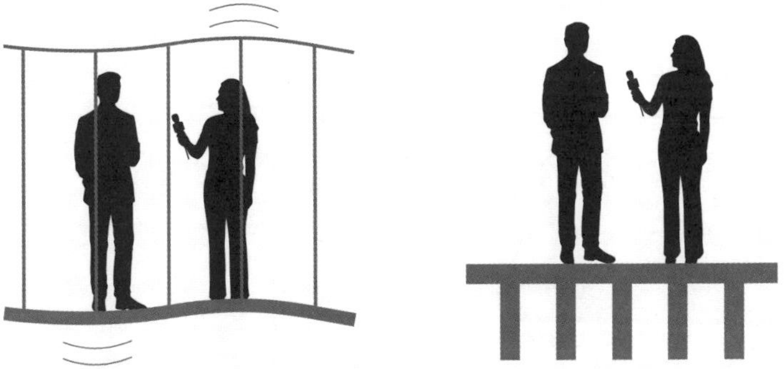

分別在搖晃的吊橋和堅固的木橋上做訪問時，回答採訪問卷的人數以及收下電話號碼的人數都沒有太大差異，但是實際在之後打電話來表示「對研究細節有興趣」的人數，兩者之間卻差了三倍以上之多。

為什麼會產生吊橋效應?

●生理反應　●歸因的認知　●情緒

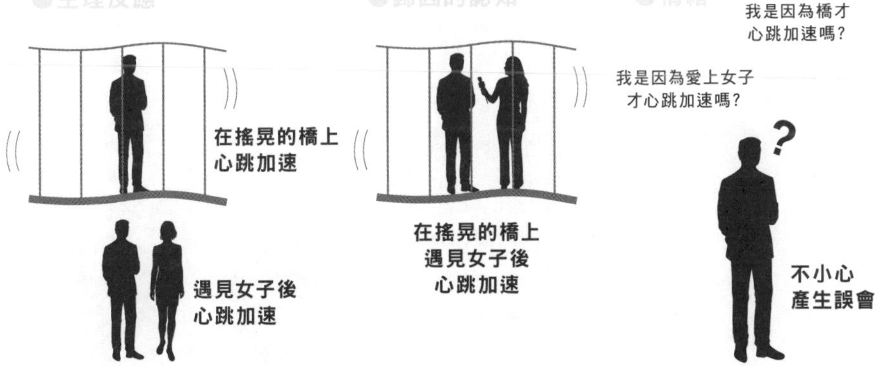
在搖晃的橋上
心跳加速
遇見女子後
心跳加速
在搖晃的橋上
遇見女子後
心跳加速
我是因為橋才
心跳加速嗎?
我是因為愛上女子
才心跳加速嗎?
?
不小心
產生誤會

因為某些因素產生生理反應(在本例中就是心跳加快)的時候，人會試圖在當下的情境中尋找原因。如果解釋成和情緒有關的話，就會誤以為是出自於戀愛的情感，像這樣的心理歷程就稱為情緒二因論。

素樸實在論

通常人對於某項事物的認知，都會相信「自己的見解才是真實，其他人應該也明白這個道理才是」，這個解讀稱為「素樸實在論」（naïve realism），是由下述三個信念所組成。

① 眼前所見的一切就是客觀現實，自己能夠保持冷靜，堅定態度和信念來正確解讀手邊的資訊和證據。

② 如果其他人接觸的資訊和自己的一樣，並懂得通情達理和深思熟慮，能以公正態度來考量的話，對方的反應、行動及意見一定也會和我相同。

③ 當別人的意見與自己不同時，就代表：（1）對方接觸的資訊和我的不一樣。（2）對方態度散漫又不理性。別人不會或者是沒辦法循規蹈矩地從客觀證據歸納出合理結論。

我們在針對某項議題展開議論時，時常遇到正方和反方互不相讓，彼此沒有交集的狀況。其實只要知道大家都受到「素樸實在論」的影響，就能明白為什麼雙方會沒有交集了。

所以若要讓討論有所成效，我們必須懂得了解「對方也和自己一樣，都相信自己才是對的」。

第5章

理想的社會與心理學

囚犯的困境是什麼？

人是如何陷入困境的呢？

生活在這個社會上，人會面臨各式各樣的困境（陷入兩難的狀態），其中能用來說明的例子之一就是**囚犯困境遊戲（prisoner's dilemma game）**。

警方逮捕了兩名有共犯嫌疑的男子，讓兩人分別接受審訊。檢察官對這兩名不會輕易招供的男子提出了某項司法交易。

如果兩人繼續保持緘默，雙方皆是3年刑期；如果其中一人招供，招供的一方就免受起訴，另一方則是被判無期徒刑；如果兩人都招供，雙方皆是10年刑期。聽到這些條件的囚犯十分苦惱，畢竟不曉得另一人會做出什麼判斷，內心肯定會陷入兩難吧。

不過，其實仔細思考一下局勢，便可得知**招供對自己比較有利**。當對方選擇緘默時，如果自己保持緘默就是被判3年刑期，招供的話則是免受起訴；當對方選擇招供時，如果自己保持緘默就是被判無期徒刑，招供的話則是被判10年刑期。

會讓人陷入困境的原因，正是因為**自己無法信任對方會做出什麼舉動**。另外必須考量的一點就是保持緘默的決定，同時也代表了對於對方的選擇表達「合作」的意願，即便最後可能會對自己不利，有時候人仍然會決定與對方合作。當我們不是只有一次機會，而是會反覆面臨好幾次相同局面時，這個現象就更為顯著了。透過這個結果，我們可以窺見**人在面對交情長久的對象時，會有傾向與對方合作**的一面。

關鍵字 **囚犯困境**

囚犯困境實驗

●檢察官對2名共同犯案的囚犯提出司法交易

[囚犯A]　[囚犯B]

2人分開接受審訊，無法和對方說到話。

檢察官提出的條件

- **如果2人都保持緘默，雙方皆是3年刑期。**
- **如果只有自己招供，自己就免受起訴（對方則是無期徒刑），反之亦同。**
- **如果2人都選擇招供，雙方皆是10年刑期。**

[囚犯A的思考]

如果我和那傢伙都保持緘默，2人頂多只會被判3年刑期。可是，假如那傢伙保持緘默，只有我選擇招供的話，我就免受起訴。不過，萬一2人都招供的話就是被判10年刑期，這樣反而是2人都保持緘默比較有利。但是等一下，要是只有我保持緘默，那傢伙選擇招供的話，我就會被判最慘的無期徒刑……。

其實囚犯的困境……

當對方保持緘默時就是免受起訴，而非3年刑期；當對方招供時就是被判10年刑期，而非無期徒刑。所以無論哪個結果，都是選擇招供比較有利。

●囚犯困境的收益矩陣（payoff matrix）

A的選擇 ＼ B的選擇	緘默	招供
緘默	3年 / 3年	無期徒刑 / 不起訴
招供	不起訴 / 無期徒刑	10年 / 10年

分別是
左下為A的結果，
右上為B的結果

在囚犯困境中，描述了具備相互依賴性的社會情境，而在我們的日常生活中，也經常會發生類似的情形，在這個狀況下，人不一定只會追求「對自己最有利」的短期利益，也有可能出現與他人「合作」的行為。

運用囚犯困境的電腦競賽

透過電腦發現的策略

在前篇的囚犯困境遊戲中，有提到**當賽局反覆數次之後，雙方會逐漸形成合作關係**。關於這段關係，國際政治學家艾瑟羅德（Robert Axelrod）便運用電腦做了實證，他廣邀賽局理論（game theory）的專家，請大家設計出運用囚犯困境的策略程式。

關於這個稱為**「電腦競賽實驗」（computer tournament）**的對賽，是在14名專家設計的作品中，又加入了會以50％的機率隨機選擇要合作或背叛的程式，並且反覆進行兩百次循環賽。

在參加的作品中也包含了高深又複雜的程式，像是可以看穿對手的策略、又能同時安排應變措施的程式。不過，**最後成績最高的竟然是其中最單純的，名叫「一報還一報」（tit-for-tat）的程式**。

關鍵字 一報還一報

一報還一報是在一開始就選擇合作，接著不斷重複對手上一輪動作的策略。這個實驗結果獲得廣大迴響，讓第二回的競賽收集到多達63個來自全球專家設計的程式。再讓這些程式互相對賽後，**最後成績最高的依然是一報還一報策略**。

艾瑟羅德舉出了一報還一報的四大特徵。第一個是不會主動背叛對手的「優雅態度」，第二個是在對手背叛的當下立即反應，第三個是當對方選擇合作時也會馬上應變，最後是能讓對方清楚了解自己的意圖。自古流傳「以眼還眼，以牙還牙」的俗話，也代表了一報還一報策略的道理。

電腦競賽的方式

●運用囚犯困境的電腦競賽實驗

自己的選擇 ＼ 對方的選擇	C（合作）	D（背叛）
C（合作）	自己40圓／對方40圓	自己0圓／對方60圓
D（背叛）	自己60圓／對方0圓	自己20圓／對方20圓

這是由自己決定在賽局中，是要與對方合作或是背叛對方之後，收益額會依據對方反應而變的圖表（左下為自己的收益額，右上為對方的收益額）。在實驗中會不斷反覆這個過程。

我要募集能在
這場賽局中反覆對賽的

廣邀世界各地的專家設計策略程式，彼此進行循環賽

電腦競賽實驗的結果是……

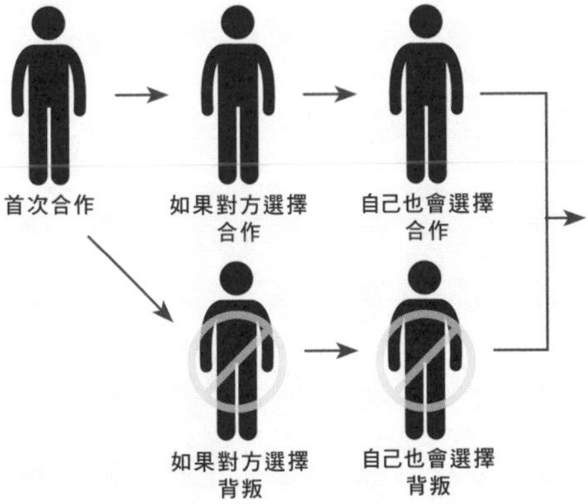

首次合作
如果對方選擇合作
自己也會選擇合作
如果對方選擇背叛
自己也會選擇背叛

反覆對賽之後，可得知最厲害的是「一報還一報策略」。

電腦競賽的研究發表於1980年。在這之後，許多運用電腦進行模擬實驗的心理學研究便開始引進這個方法。

艾瑟羅德舉辦了運用囚犯困境的賽局，在世界各地招募專家設計各種策略，讓收集來的程式進行循環戰，這就是電腦競賽實驗（computer tournament）。結果，最強的策略是不斷重複對手上一輪動作的「一報還一報」策略。

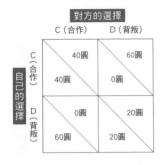

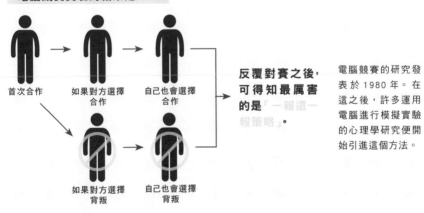

合作對自己比較有利？

關鍵字 **互惠利他主義、規範**

互惠互利是人際關係的基礎

在日本有句諺語：「出門在外，不怕出醜。」這句話是指來到了一輩子只會來一次的地方時，反正自己也不會久留，即使出醜也不在乎的意思。反過來說，若與他人有長久交情，就會考量對方的心情，覺得自己的行事舉動必須謹慎小心。

要與他人一起做什麼事的時候，如果選擇了利用對方的骯髒手段，對方也會看穿自己的把戲，到頭來會變得什麼都不順利，換句話說，「全然的利己主義」在長期維持的關係中是行不通的。

選擇與對方合作時，最重要的思維就是**互惠性**，**也就是互惠互利**（give-and-take）。當對方為我們做了什麼，我們也自然地會想要付出。把互惠性當作雙方關係之間的**規範**（norm），也可以說是維持長久交情的祕訣吧。

以這個概念作為基礎，**自我揭露**（self disclosure）就是與他人拉近距離的方法之一，這是**把許多有關自己的事情告訴對方，對方同樣也會述說關於自己的事，藉此縮短雙方距離**的行為。透過自我揭露的過程，通常就能提升自己對於對方的信賴度，好感度也會逐漸向上增加。此外，對話的內容除了外顯的部分之外，慢慢提及自己的內在層面也會有十足效果。

另外還有一句諺語叫「善有善報」，意思同樣是對他人施予善意，總有一天自己也會得到善報，也能作為代表互惠性的一句話。

合作與不合作

●互助合作

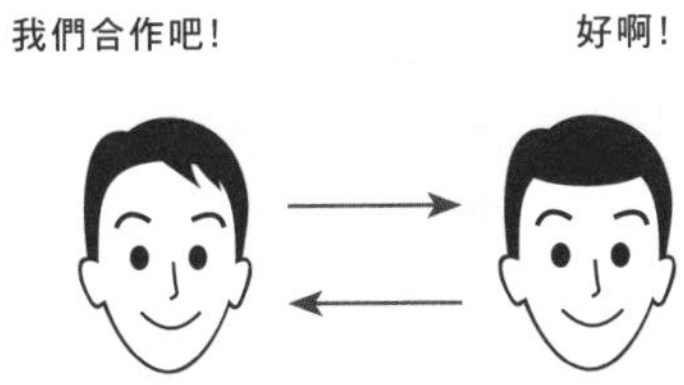
我們合作吧!
好啊!

●互不合作

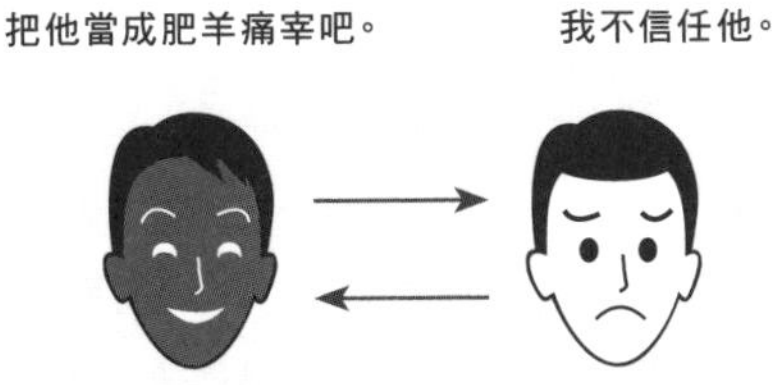
把他當成肥羊痛宰吧。
我不信任他。

從研究結果可以得知，自己若主動選擇真誠善良的策略，便能建立起互助合作的關係，獲得理想的成果；如果是選擇企圖利用對方的邪惡策略，終究會陷入互不合作的模式，並且再也無法擺脫這個狀態，只能導向糟糕的結果。

互惠利他主義(reciprocal altruism)的例子

●互惠互利

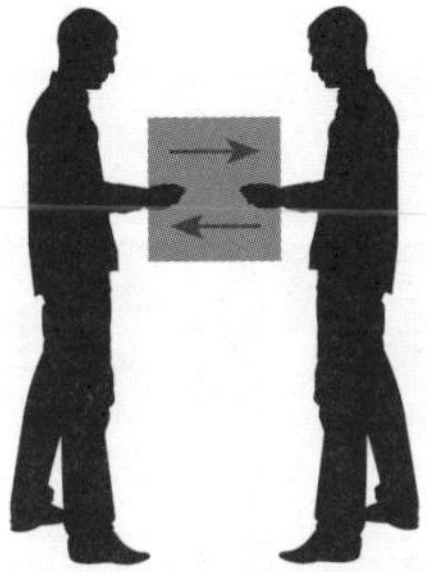

自己獲得施予時，
同樣也會為對方付出。

●自我揭露

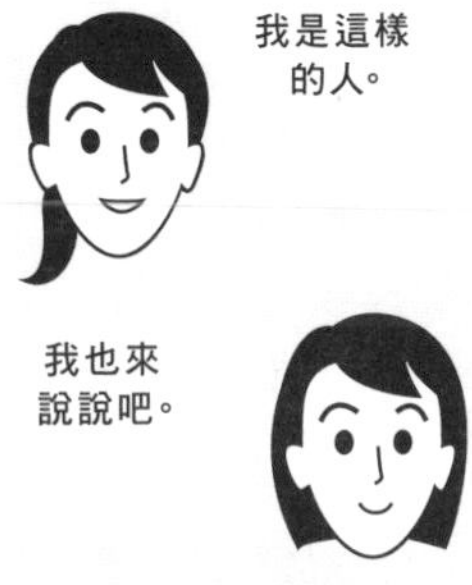
我是這樣
的人。
我也來
說說吧。

談論自己的事情
能博得對方的信賴。

●善有善報

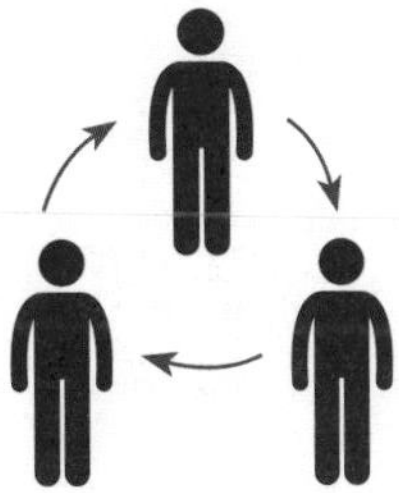

對他人施予善意，
總有一天自己也能得到
善報的道理。

互惠性指的就是「give and take」，拜託對方接受自己的要求時，自己同樣也會傾聽對方的需求。若要在日常生活中活用這個概念，讓他人了解自己的事，並聆聽對方故事的自我揭露就會是個重要過程。

追求個人利益有損社會全體的利益

關鍵字 社會困境、公有牧場的悲劇

若要追求社會全體的利益，必須建立具利他性的利己主義

前面有提及在交情長久的雙方關係中，互惠互利是個重要概念，但如果換成人數更多的組織又會變得如何呢？

哲學家哈汀（Garrett Hardin）以**公有牧場的悲劇（Tragedy of Commons）**為例，解說了這道問題。

在工業革命前後的某座英國農村，有個名叫Commons的公有牧場，農民會在這裡放牧為了羊毛資源而飼養的羊群。從每個農民的立場來看，自己在公有牧場放牧的羊越多，羊毛收穫量就會越大，能賺取到更多利益。不過，如果大部分的人都這麼做的話，會導致牧草被吃光，公有地加速受到破壞，結果所有人都無法再養羊，造成全體的損失。

當個人利益與3人以上團體的全體利益形成衝突時，這個狀況就稱為「社會困境」（social dilemma）。

若要化解這個狀態，我們該採取什麼樣的手段呢？

首先最重要的步驟就是安排人員負責管理公有地，採取遵守規範便能獲得獎賞，而破壞規範必須接受懲罰的「糖果與鞭子對策」。此外，也可以教大家了解公有地的現況，促使眾人轉換道德觀與價值觀。不過，無論是哪個方法，執行應變對策都需要付出成本，或是要擔心自己以外的人有沒有乖乖遵守規範，會陷入另一種兩難困境。

最後包含這些措施在內，必須讓大家抱持「追求社會全體利益才能利己」的意識，也就是讓每個人確立好利他性的利己主義概念，就會成為一大重要課題。

公有牧場的悲劇

如果所有牧羊人都想養更多羊，牧場會加速受到破壞，導致大家一隻羊也養不了的困境。

化解社會困境

●糖果與鞭子

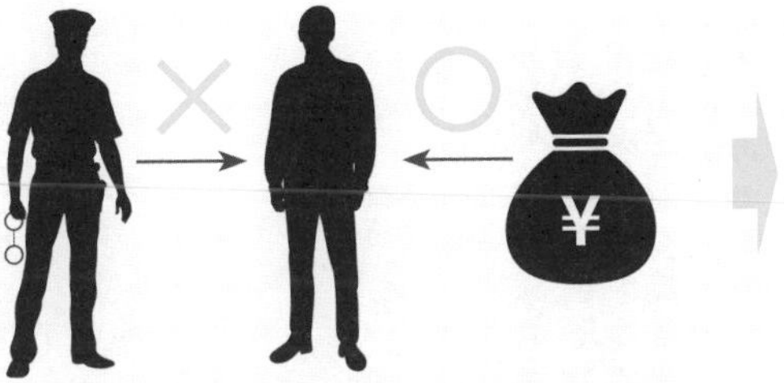

打破規範要接受懲罰，乖乖遵守則能獲得獎賞

一旦建立了獎懲制度，就必須付出成本來維護制度，其中衍生的負擔會在不知不覺中形成二次困境。

●轉換道德觀和價值觀

教導大家了解社會的運作與規範

若要化解社會困境，讓大家抱持「追求社會全體利益才能利己」的意識，也就是讓每個人確立「利他性的利己主義」是一大重要課題。

人會經由助人行為獲得什麼？

關鍵字　有限交換、一般交換

無形的心理價值與社會價值

像是花錢買東西或是工作賺取薪水等等，我們時常在生活中交換各式各樣的資源，這個行為就稱為**社會交換**（social exchange）。

在社會交換中，存在著有限交換（restricted exchange）**和一般交換**（generalized exchange）。有限交換是自己與他人一對一交換，一般交換則是自己給予資源的對象，與提供資源給自己的對象不一定一致。人會在只去過一次的餐廳付出較多小費，是因為以長遠的眼光來看，意識到這個舉手之勞說不定會回饋到自己或社會上，算是屬於一般交換的行為。

另外，關於人相互交換的「資源」，並不僅限於具有實體的金錢或商品。雖然無形，但像是包含愛情的心理價值、包含地位或名聲的社會價值，有時候甚至連滿足感之類的情緒也涵蓋在其中。而且眼睛看不到的無形之物，**更具備了會因人改變價值的「個體性」**（individuality），**反而顯得珍貴**。

簡單來說，人之所以會有助人行為，**是因為內心持有一般交換的意識，覺得自己的付出可能會從其他地方收到回報，並同時想獲得無形的心理價值和社會價值**。在世界上的大部分社會中都能觀察到互惠規範，大家會覺得在接受他人的幫助或善意後，選擇回報對方對自己比較有利，這個意識也可說是人會持續互助的原因之一吧。

什麼是社會交換？

●有限交換

●一般交換

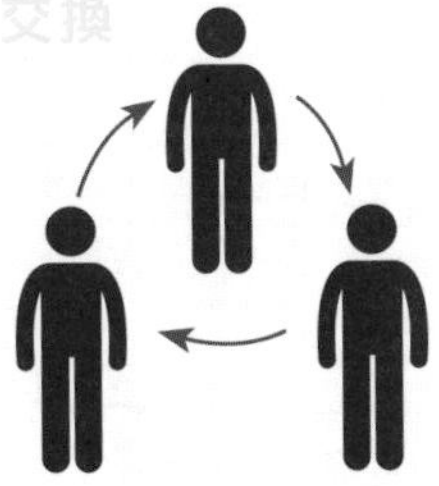

在社會交換中存在著有限交換與一般交換。有限交換是自己與他人之間，雙方直接互換資源的意思；而一般交換則是自己給予資源的對象，與提供資源給自己的對象不一定一致的狀況。

●社會交換的項目與特質

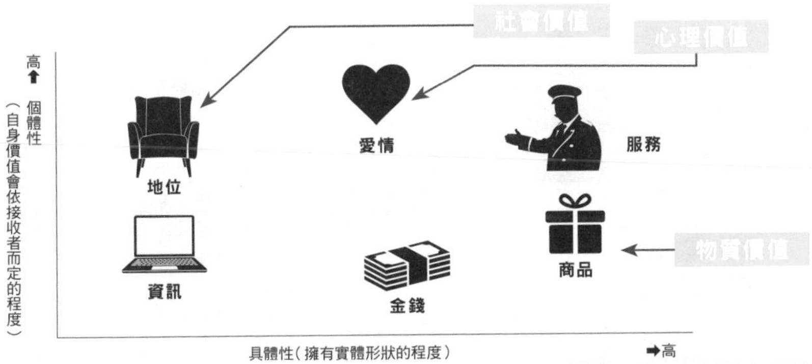

（摘自 U.G.Foa & E.B.FoA. 1976）

在社會上會被交換的項目中，除了商品或金錢等具有實體的有形之物外，也存在著資訊或服務等無形之物。另外還有像是愛情之類的心理價值，包含地位或名聲在內的社會價值也涵蓋在其中。在圖表中以愛情和服務為例，兩者位置較接近的價值就會比較容易互相交換。

公平分配報酬的方法

並不是只要均等，就能讓所有人獲得滿足

在公司之類的團體內做出績效時，獲得的報酬該如何分配才會讓人覺得最公平呢？

據亞當斯（John Stacey Adam）提出的理論，不只是獲得的報酬比投入成本還低的時候，獲得過多報酬的時候也會讓人覺得不公平。

有關報酬的分配原則到底是什麼呢？

首先要舉出的一項就是**依照貢獻程度來分配的「公平原則」**（equity principle），依業績計算獎金的制度就屬於這個原則。再來，是均等分配給所**有人的「平等原則」**（equality principle）。無論績效如何，都會支付固定薪資的模式就是其中一例。接著下來，就是以**需要報酬的程度高低來分配的「需求原則」**（need principle）。不只如此，**另外還有業績最優秀的人能獲得所有報酬的「獨占原則」**。

這些原則會分別使用在不同場合，如果以經濟生產為目標，希望成員之間相互競爭的時候，公平原則就會受到推崇；若是想維持舒適的社會生活，注重合作關係的話，該團體便會受到平等原則的主導。除此之外，還有像是以福利或家庭為主，這種追求生活品質的團體會比較強調需求原則。

另外，在人員替換頻繁、流動率高的團體裡，業績高的人會支持公平原則，沒什麼業績的人則會支持平等原則；然而，在成員流動率不高，會維持長久人際關係的團體裡，業績高的人也會比較傾向支持平等原則，這表示該團體在保持公平性的同時，也很注重圓滑的人際關係。

關鍵字 **分配原則**

分配原則的種類

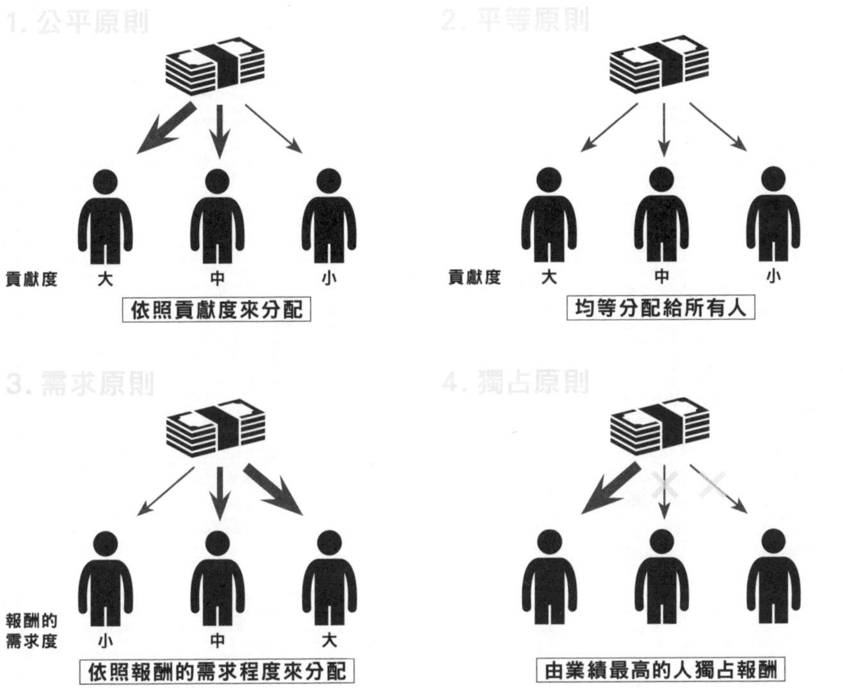

●分配原則的區分

報酬的分配原則有好幾個種類，每種原則都有各自的優缺點，所以必須因應狀況分別使用。依照貢獻程度分配報酬的方式，其實也不一定保證公平。如果是人員流動率高的團體，會傾向支持公平原則；若是會長久維持人際關係的團體，則傾向支持平等原則。

什麼是受到團體影響的種族滅絕？

對於外團體的認知會產生歧視與偏見

所謂的種族滅絕（genocide），就是徹底鎮壓其他民族或宗教的人，最後甚至出現大屠殺的行為。

對於過著一般生活的人來說，這是平常很少會意識到的現象，然而在人類至今的歷史中，就發生過多起種族滅絕的事件，像是納粹大規模屠殺猶太人即為其中最著名的例子。那麼，為什麼會出現這樣的事呢？

人在**面對自己所屬團體（內團體）以外的族群（外團體）時，有時候會陷入歧視或迫害他人的狀況裡**。這是因為與外團體接觸的距離和時間都不同於內團體，導致人在認知上產生了差異。在對待親近的人時，由於自己熟知對方的外表和性格，有辦法以「個人身分」來辨別。不過，在面對平常很少接觸的外團體成員時，我們通常只會認為對方是「團體中的一員」。

在這樣的認知下，人會傾向覺得內團體比較優秀。一旦這個社會陷入了類似資源枯竭的緊急狀況時，**在我們眼中只有團體身分的外團體成員，就會被歧視為「惡人」或「廢物」**，甚而引發大屠殺的悲劇。

一般認為世界上會存在為數眾多的語言，就證明了區分團體的作為在人類史上深具意義，因為會說特定語言的事實，即為代表自己屬於該團體的最佳證明。現在普遍認為我們人類擁有共同的祖先，但隨著社會開始越變越複雜，也讓人漸漸了解到區分團體的必要性。

關鍵字 內團體、外團體

內團體與外團體的認知差異

1. 觀察內團體時

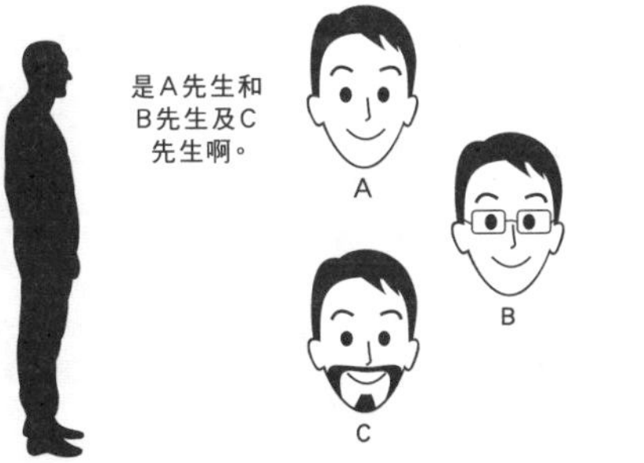
是A先生和
B先生及C
先生啊。
A
B
C

2. 觀察外團體時

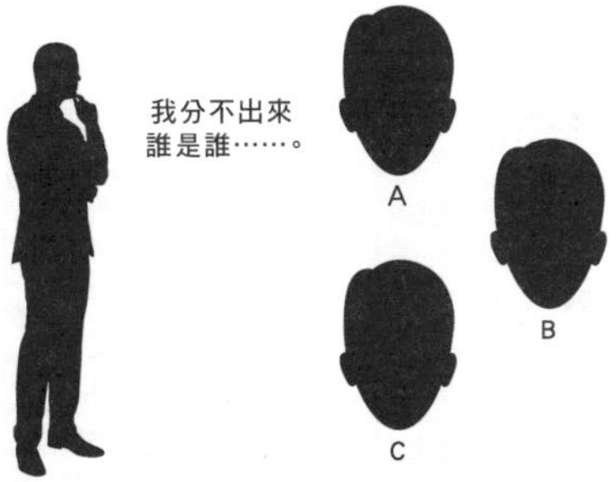
我分不出來
誰是誰……。
A
B
C

內團體與外團體之間的關係，可以追溯到狩獵採集的時代。人與內團體的成員維持緊密的關係，有辦法分辨出每一個人。然而，如果換成幾乎沒有接觸過的外團體時，因為我們沒有機會去認識每個人，只能把對方認知為某團體中的一員。所以當團體之間出現衝突時，這種狀況就會導致人產生歧視或偏見，甚至造成種族滅絕的結果。

種族滅絕（大屠殺）的原因

與人有關的各種歧視

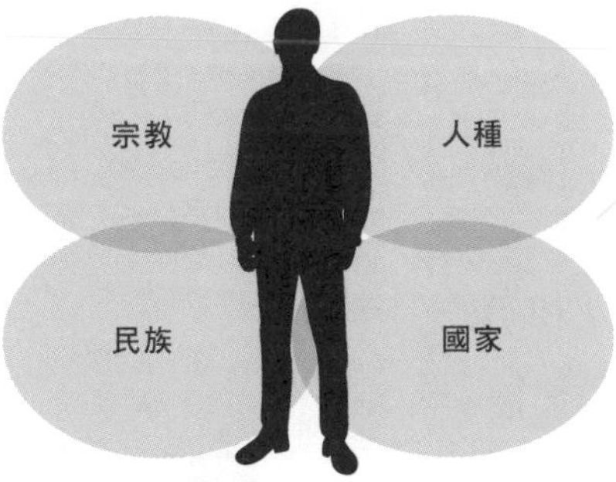
宗教
人種
民族
國家

導致對外團體的偏見趨於激烈

他們是
壞人！
沒用的廢物！
引發種族滅絕
消滅他們吧！

種族滅絕是僅以對方隸屬於某個團體作為理由，發動大規模屠殺的行為。在這個行為的背景中，包含了人種或宗教等因素，潛藏著對外團體持有偏見與歧視的心理現象。

文化會產生什麼差異？

歐美與東洋具有不同的自我觀

我們都知道以美國為首的歐美人，與包含日本在內的東亞人之間存在著文化差異，其中特別顯著的就是**「文化自我觀」**（cultural view of self）。

在歐美廣泛抱持**「獨立自我觀」**（independent self），這是以**「自己在他人眼中是獨立個體」的概念為基礎**，例如當自己達成了什麼成績，會認為這與周圍的影響無關，而是自己發揮所長的結果。為自己貼上標籤時，也通常是「活潑的我」、「會讀書的自己」等等，會以自己的內在屬性為主。

另一方面，東亞持有的**「相依自我觀」**（interdependent self），是認為**「與他人及周遭事物產生聯繫之後才能定義自我」**，像是在自己達成了某個成果時，也會認為「因為有大家的幫忙和鼓勵才能成功」，會為自己貼上的標籤則是「○○大學的我」、「在朋友面前很開朗的我」等等，大多表現了身邊相關的人際關係，還有與他人之間的關係性。

關於這兩種自我觀的特徵，通常會認為是出自注重個人意志的畜牧文化和需要互助合作的農耕文化，以及基督教和佛教或儒家的思維差異。

而另外一個特徵就是分析性思考（analytical thinking）和整體性思考（holistic thinking）的差別，一般而言，**歐美人的思維主要是關注事物本身特徵的分析性思考，而東亞人的思維則是關注事物與周邊之間的關係，是屬於整體性思考。**

關鍵字 文化自我觀

獨立自我觀與相依自我觀

●獨立自我觀

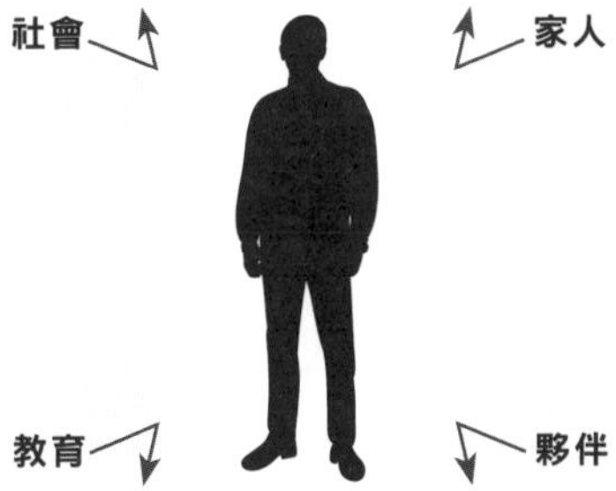

多顯現於歐美人身上，認為人與他人或周邊事物有所區別，是獨立個體的存在。

●相依自我觀

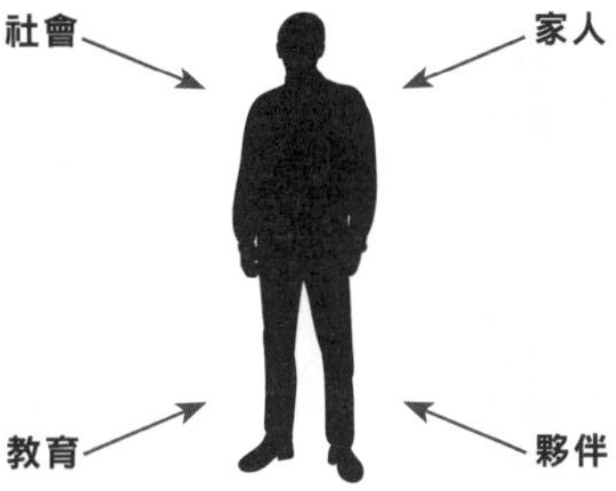

多顯現於包含日本在內的東洋人身上，認為人與他人或周邊事物產生聯繫之後才能定義自我。

分析性思考與整體性思考的實驗

實驗概要　詢問美國學生還有台灣及中國的學生覺得「熊貓」、「猴子」、「香蕉」之中，哪兩個關係較為接近。

結果

美國學生	回答「熊貓」和「猴子」→	分析性思考
台灣及中國的學生	回答「猴子」和「香蕉」→	整體性思考

這場實驗的重點是確認受試者會關注這三個選項中的哪個部分。美國學生是注意到「都是動物」的屬性來分類，是屬於分析性思考；台灣及中國的學生則是以「猴子會吃香蕉」的關係性來分類，是屬於整體性思考。

徹底追求「榮譽」的文化

關鍵字 **榮譽文化**

榮譽文化的本質與背景

「榮譽文化」（cultural of honor）是指「重視個人與家人榮譽的文化」，尤其多顯現在美國南部白人男性的身上，這是在什麼樣的背景下形成的文化呢？

原本在美國北部就有很多從英國或荷蘭移居來的農耕者，而南部則主要是英國周邊的畜牧者移居而來。

在農耕者的社群裡，農民彼此管理方便，較難以被一口氣偷走大量農作物；而對畜牧者來說，由於家畜會自行走動，容易遭竊，而且放牧家畜需要遼闊土地，導致人口密度也比較低，要抓到犯人並不是一件易事。

在這樣的狀況下，要是周圍又傳出「那傢伙遇到事情只會忍氣吞聲」的評論，只會讓自己更容易成為壞人眼中的肥羊。「鐵漢個性」、「很有男子氣概」的正面評價可以防止自己被人看扁，具有重要且適切的意涵，換句話說，**重視榮譽的文化就是從畜牧者的生活中誕生的。**

有個調查結果就能顯現出這個榮譽文化，那就是美國南部與其他地區的殺人案件數。

如果是一般強盜殺人案的件數，無論哪個地區都沒有太大的差異。然而，若是攸關「男人尊嚴」，因為口角引發殺人的案件就會是南部比較多，這個差異在人口20萬以下的小城市又會特別顯著。從這個結果看來，可以得知**「榮譽文化」在畜牧者較多的地區是多麼地根深蒂固。**

形成榮譽文化的背景

●農耕者

・就算作物被偷，還可以種得出來
・遵守法制，以團體而言管理容易
・團體生活為主，人口密度也比較高

產生文化差異

●畜牧者

・家畜一旦被偷，會成為巨大損失
・必須向外強調「自己的財產自己守護」
・因為需要遼闊的土地，人口密度比較低

形成榮譽文化

美國的強盜殺人和因口角而殺人的案件數量

●每10萬人口的殺人案件數與種類

1. 居民人口20萬人以下的城市

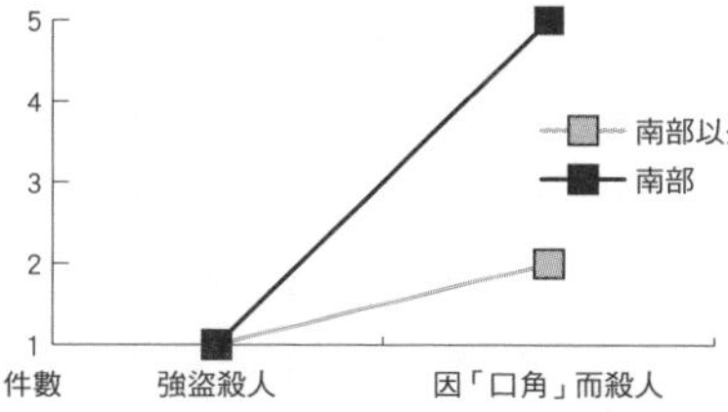

2. 居民人口20萬人以上的城市

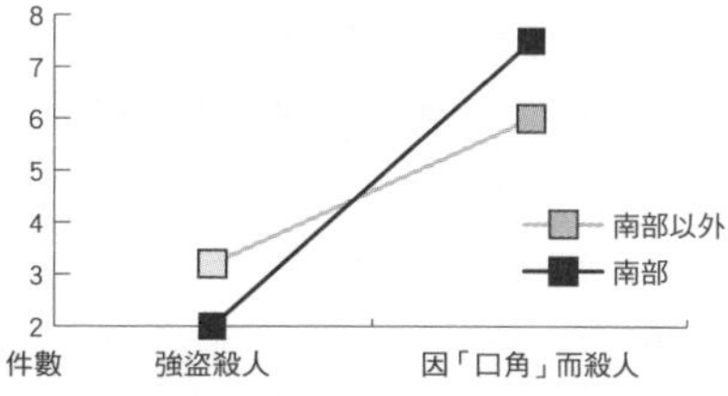

（摘自 Nisbett & Cohen, 1996.）

比較美國發生的殺人案件數之後，可以發現若是經濟因素引發的強盜殺人，無論是南部還是其他地區的案件數量都沒有太大差異。不過，因為「名譽」受到傷害而產生口角，進而引發殺人的案件數量則是南部比較多，而且這個狀況在人口20萬以下的小城市特別明顯。此調查結果就是榮譽文化的證明之一。

國家圖書館出版品預行編目資料

怪異社會心理學：盲從、狂熱、非理性的人群心理，只有了解，才能破解！/ 龜田達也監修；許展寧譯 . -- 初版 . -- 臺中市：晨星出版有限公司，2021.06
面； 公分 . -- (勁草生活 ; 480)

譯自： 眠れなくなるほど面白い 図解 社会心理学

ISBN 978-986-5582-52-4（平裝）

1. 社會心理學

541.7 110005040

【参考文献】
『モラルの起源―実験社会科学からの問い』（亀田達也 著・岩波書店）／『合議の知を求めて―グループの意思決定』（亀田達也 著・共立出版）／『よくわかる社会心理学』（山田一成・結城雅樹・北村英哉 編著・ミネルヴァ書房）／『予想どおりに不合理―行動経済学が明かす「あなたがそれを選ぶわけ」』（ダン・アリエリー 著・早川書房）／『服従の心理』（スタンレー・ミルグラム 著・河出書房新社）／『リーダーが決断する時―危機管理と意思決定について』（アーヴィング・L. ジャニス 著・日本実業出版社）／『社会心理学キーワード』（山岸俊男 編・有斐閣）／『徹底図解社会心理学―歴史に残る心理学実験から現代の学際的研究まで』（山岸俊男 監修・新星出版社）／『複雑さに挑む社会心理学改訂版―適応エージェントとしての人間』（亀田達也・村田光二 著・有斐閣）／『現代の社会心理学』（亀田達也・村田光二 編・放送大学教育振興会）／『社会心理学（図解雑学）』（井上隆二・山下富美代 著・ナツメ社）

勁草生活 480

怪異社會心理學

盲從、狂熱、非理性的人群心理，只有了解，才能破解！

眠れなくなるほど面白い 図解 社会心理学

監修者 龜田達也
譯者 許展寧
編輯 王韻絜
封面設計 戴佳琪
排版 陳柔含

日文版 staff
編輯 / 株式會社ライブ（竹之內大輔 / 畠山欣文）
製作 / 永住貴紀 / 市塚正人 / 村田一成
裝訂 / BOOLAB.
內文設計. 版型 / 寒水久美子
DTP/ 株式會社ライブ

創辦人 陳銘民
發行所 晨星出版有限公司
台中市 407 工業區 30 路 1 號
TEL：(04)23595820 FAX：(04)23550581
行政院新聞局局版台業字第 2500 號
法律顧問 陳思成 律師
初版 西元 2021 年 6 月 1 日初版 1 刷

總經銷 知己圖書股份有限公司
106 台北市大安區辛亥路一段 30 號 9 樓
TEL：02-23672044 / 23672047 FAX：02-23635741
407 台中市西屯區工業 30 路 1 號 1 樓
TEL：04-23595819 FAX：04-23595493
E-mail：service@morningstar.com.tw
網路書店 http://www.morningstar.com.tw
讀者服務專線 04-23595819#230
郵政劃撥 15060393（知己圖書股份有限公司）
印刷 上好印刷股份有限公司

歡迎掃描 QR CODE
填線上回函

定價 350 元
ISBN 978-986-5582-52-4